新时代我国篮球运动后备人才体系的重构与发展

竺大力 著

中国书籍出版社

图书在版编目 (CIP) 数据

新时代我国篮球运动后备人才体系的重构与发展 / 竺大力著 . -- 北京：中国书籍出版社，2021.4
ISBN 978-7-5068-8435-8

Ⅰ.①新… Ⅱ.①竺… Ⅲ.①篮球运动 – 后备力量 – 人才培养 – 研究 – 中国　Ⅳ.① G841.2

中国版本图书馆 CIP 数据核字（2021）第 067282 号

新时代我国篮球运动后备人才体系的重构与发展

竺大力　著

丛书策划	谭　鹏　武　斌
责任编辑	盛　洁
责任印制	孙马飞　马　芝
封面设计	东方美迪
出版发行	中国书籍出版社
地　　址	北京市丰台区三路居路 97 号（邮编：100073）
电　　话	（010）52257143（总编室）　（010）52257140（发行部）
电子邮箱	eo@chinabp.com.cn
经　　销	全国新华书店
印　　厂	三河市德贤弘印务有限公司
开　　本	710 毫米 × 1000 毫米　1/16
字　　数	195 千字
印　　张	15.25
版　　次	2022 年 7 月第 1 版
印　　次	2022 年 7 月第 1 次印刷
书　　号	ISBN 978-7-5068-8435-8
定　　价	75.00 元

版权所有　翻印必究

目 录

第一章 绪 论 ………………………………………… 1
 第一节 研究的目的及意义 ………………………… 1
 第二节 研究的内容与方法 ………………………… 3
 第三节 国内外研究现状 …………………………… 9

第二章 现阶段我国篮球后备人才发展现状分析 …… 21
 第一节 我国篮球运动发展的现状 ………………… 21
 第二节 我国篮球后备人才发展现状 ……………… 31
 第三节 我国篮球后备人才面临的困境 …………… 41
 第四节 我国篮球后备人才发展的思路或策略 …… 44

第三章 新时代我国篮球后备人才体系之理论建构 … 48
 第一节 体育人才学理论 …………………………… 48
 第二节 运动训练学理论 …………………………… 60
 第三节 体育教育学理论 …………………………… 69

第四章 新时代我国篮球后备人才选拔体系的构建 … 78
 第一节 篮球后备人才选拔的理论依据 …………… 78
 第二节 篮球后备人才选拔的原则与方法 ………… 80
 第三节 篮球后备人才选拔的组织与管理 ………… 90
 第四节 篮球后备人才选拔指标体系的建设 ……… 99

第五章 新时代我国篮球后备人才培养体系的构建 … 107
 第一节 我国篮球后备人才培养的体制 …………… 107
 第二节 我国篮球后备人才培养的路径探索 ……… 112

  第三节 国外篮球后备人才培养机制对我国的启示⋯ 117
  第四节 我国篮球后备人才培养机制重构的
      思路与对策⋯⋯⋯⋯⋯⋯⋯⋯⋯⋯⋯⋯ 125
第六章 新时代我国篮球后备人才教学体系的构建⋯⋯⋯ 136
  第一节 设置合理的篮球教学目标⋯⋯⋯⋯⋯⋯ 136
  第二节 革新篮球教学理念⋯⋯⋯⋯⋯⋯⋯⋯⋯ 141
  第三节 深入挖掘与开发篮球教学内容⋯⋯⋯⋯ 150
  第四节 创新篮球教学方法⋯⋯⋯⋯⋯⋯⋯⋯⋯ 153
  第五节 选择合适的篮球教学模式⋯⋯⋯⋯⋯⋯ 165
  第六节 运用多样化的篮球教学评价手段⋯⋯⋯ 167
第七章 新时代我国篮球后备人才训练体系的构建⋯⋯⋯ 176
  第一节 掌握篮球运动训练相关的理论基础⋯⋯ 176
  第二节 选择合适的篮球训练手段与方法⋯⋯⋯ 186
  第三节 设计合理的篮球训练模式⋯⋯⋯⋯⋯⋯ 188
  第四节 制定完善的篮球训练计划⋯⋯⋯⋯⋯⋯ 195
  第五节 寻求促进篮球后备人才训练水平提升的策略⋯ 200
第八章 新时代我国篮球后备人才科学保障体系的构建⋯ 206
  第一节 合理补充营养⋯⋯⋯⋯⋯⋯⋯⋯⋯⋯⋯ 206
  第二节 科学处理运动伤病⋯⋯⋯⋯⋯⋯⋯⋯⋯ 216
  第三节 加强医务监督⋯⋯⋯⋯⋯⋯⋯⋯⋯⋯⋯ 226
参考文献⋯⋯⋯⋯⋯⋯⋯⋯⋯⋯⋯⋯⋯⋯⋯⋯⋯⋯⋯⋯⋯ 231

第一章 绪 论

在竞技篮球运动发展的过程中,篮球后备人才扮演着十分重要的角色。如果盲目进行篮球运动的发展就容易出现各种问题。关于篮球后备人才的研究可谓是当下篮球运动研究的一个热点。因此我们要把握住篮球后备人才体系建设的方方面面,推动篮球后备人才的强力发展。

第一节 研究的目的及意义

一、研究目的

本书的研究目的主要体现在以下几个方面。

(1)通过查找各方面的文件和资料,调查与分析我国篮球后备人才的发展情况,找出制约和影响我国篮球后备人才发展的因素,并提出相关的解决对策。

(2)系统、全面地分析我国篮球后备人才培养中存在的优势与不足,构建一个健全和完善的篮球后备人才培养的理论与实践体系。

(3)通过篮球后备人才体系的研究,探索我国篮球后备人才发展的科学之路,推动我国篮球后备人才培养的健康可持续发展。

二、研究意义

本研究的意义具体体现在以下几个方面。

（1）为我国篮球后备人才培养体系的建设提供必要的理论与事实依据。本研究注重理论与实践研究的结合，通过对我国篮球后备人才培养现状的调查，能找出问题所在，研究篮球后备人才培养体系与人才储备等问题能为我国篮球后备人才的发展提供充足的理论与事实依据。

（2）进一步丰富我国的篮球文化体系。通过本课题的研究，能进一步丰富我国篮球运动的发展体系，包括文化体系、理论体系、实践体系等。能极大地充实我国篮球运动的研究内容，促进我国篮球运动的进一步发展。

（3）促进我国篮球运动水平的进一步提升。伴随着当前竞技体育的不断发展，我国篮球运动水平也稳步向前发展，但与欧美等篮球强国相比，还存在着不小的差距。要想扭转这一局面，除了构建一个良好的篮球训练体系外，还要构建青少年后备人才的培养体系，如此才能推动我国篮球运动水平的进一步提升。

（4）对篮球后备人才体系的科学研究具有一定的参考与借鉴意义。本研究从多方面、多角度对篮球后备人才体系进行了深入细致的研究与分析，涉及的内容主要包括后备人才培养理论体系、后备人才选拔体系、后备人才培养体系、后备人才教学体系、后备人才训练体系、后备人才保障体系等多个方面。通过这几个方面的研究，能为篮球运动研究专家、学者以及篮球爱好者提供一定的参考，具有一定的参考价值。

第二节 研究的内容与方法

一、研究内容

本书的研究内容主要分为以下几个部分。

(一)我国篮球后备人才的发展现状

篮球后备人才培养的研究少不了发展现状的调查与研究,这一部分主要调查与分析了我国篮球运动发展的现状、我国篮球后备人才的发展现状、我国篮球后备人才面临的困境,以及我国篮球后备人才发展的思路或策略等几个方面的内容。通过对以上现状的调查与分析,有助于更好地把握本书的研究主题,为本书研究提供可靠的数据和资料。

(二)篮球后备人才体系构建的理论基础

篮球后备人才体系的构建需要必要的科学理论作为基础和研究的依据,因此本部分主要是阐述篮球后备人才体系构建的理论基础,主要涉及体育人才学理论、运动训练学理论、体育教育学理论等几个方面的内容。通过对这些内容的研究能为本书的研究提供科学的理论依据,从而保证本课题研究的科学性和有效性。

(三)篮球后备人才选拔体系

本部分主要研究篮球后备人才的选拔体系,这一体系属于篮球后备人才培养的基础,只有通过科学的选拔,选拔出具有潜力的苗子才能为后备人才的培养奠定必要的基础。本部分的研究内容主要包括以下几个部分。

（1）篮球后备人才选拔的理论依据。
（2）篮球后备人才选拔的原则与方法。
（3）篮球后备人才选拔的组织与管理。
（4）篮球后备人才选拔指标体系的建设。

通过对以上内容的研究能为篮球后备人才选拔体系的构建奠定良好的基础。

（四）篮球后备人才培养体系

篮球后备人才培养体系的研究是本书的重要内容。对这一部分的研究既是重点，也是难点。通过调查发现，我国篮球后备人才的培养与国外篮球强国之间存在着较大的差距，这些差距主要体现在培养理念、培养机制、培养模式、培养手段等多个方面。本部分就重点研究了以上内容，指出了国外篮球后备人才培养机制对我国的启示，研究与探索我国篮球后备人才培养的路径，从而提出我国篮球后备人才培养机制重构的思路与对策。

（五）篮球后备人才教学体系

本部分是关于篮球后备人才教学体系的研究。其研究内容主要涉及以下几个部分。
（1）篮球教学目标的设置。
（2）篮球教学理念的革新。
（3）深入挖掘与开发篮球教学内容。
（4）创新篮球教学方法。
（5）选择合适的篮球教学模式。
（6）运用多样化的篮球教学评价手段。

（六）篮球后备人才训练体系

篮球后备人才培养的过程中，训练是非常重要的一个环节，作为一名专业的运动员，平时的运动训练是必不可少的。因此，构建一个科学和完善的篮球后备人才训练体系是非常重要的。

本部分主要包括以下几个方面的内容。

（1）篮球运动训练的理论基础。

（2）篮球训练手段与方法的选择。

（3）篮球训练模式的设计。

（4）篮球训练计划的制定。

（5）篮球后备人才训练水平提升的策略。

（七）篮球后备人才科学保障体系

篮球后备人才培养的过程中，除了加强各项素质，如身体素质、技战术素质、心理素质、智能素质等方面的训练外，还要为这些训练活动的顺利进行提供必要的保障。这一部分主要包括以下几个方面的内容。

（1）运动中合理地补充营养。

（2）科学处理运动伤病。

（3）加强医务监督。

二、研究方法

（一）文献资料法

1. 文献资料法的概念

文献资料法是指搜集和分析研究各种现存的文献资料，从中选取信息，以达到某种调查研究目的的方法。在各类学术研究中，文献资料法的应用都比较广泛，通过这一方法的利用，研究者能够搜集到大量的翔实的资料从而进行统一与分析，为课题研究提供真实的依据。

2. 文献资料法在本课题研究中的应用

文献资料法是一种较为常用的研究方法。运用文献资料法的步骤为：首先对篮球后备人才培养类似的关键词进行检索，查找与此相关的内容,并做好详细的记录;然后归纳与整理搜集到的篮球文献资料并展开具体的研究与分析;最后将篮球后备人才的资料归纳收集起来以备研究使用。

通过从"中国 CNKI 学术文献总库"以"篮球""后备人才"为关键词进行高级检索,共检索出 1253 篇相关文献资料。其中关于篮球后备人才、培养现状的文献 1027 篇,由此可见,当前关于篮球后备人才的研究主要侧重于培养现状的研究。除此之外,还涉及篮球人才培养的概念、内涵、机制等多个方面。伴随着篮球运动的不断发展,这几个方面的研究也更加深入。但需要注意的是,关于篮球后备人才体系建设等方面的研究则比较少,欠缺篮球后备人才发展策略的研究。

(二)调查研究法

1. 调查研究法的概念

调查研究法,是指为了达到某一预想中的目的,制定某一计划全面地收集研究对象的某一方面情况的各种材料,并作出分析和综合,得到某一结论的研究方法。通过这一研究方法的运用,研究者能够得到客观真实的研究资料和数据,从而为课题研究提供充实的事实依据。通过调查研究法,研究者可以更好地把握研究对象的真实情况,从而有针对性地去发现问题和解决问题。

2. 调查研究法在本课题研究中的应用

研究篮球后备人才的培养少不了调查研究法,本研究调查研究的内容主要包括:篮球后备人才发展的现状;我国各学校篮球课程的设置状况与发展水平;篮球后备人才的身心发展状况、运动基础等;篮球后备人才的发展机制;篮球后备人才训练基地的建设情况等。在调查研究的过程中,本人对调查资料做了详细的记录,并逐一进行归纳和整理。这些资料的获得都比较真实和客观,为后续的研究奠定了良好的基础。

（三）内容分析法

1. 内容分析法的概念

内容分析法是一种对于传播内容进行客观、系统和定量的描述的研究方法。这一研究方法的实质是对研究对象涉及的各项内容进行一定的推论与分析，在分析的过程中，研究者要综合考虑研究对象的各个方面的因素，对研究对象进行层层的推理和分析，以求得出真实客观的预测结果。这一种研究方法属于量化分析方法。在各项研究中，这一研究方法也得到了极为广泛的利用。

2. 内容分析法在本课题研究中的应用

本书关于篮球后备人才培养的研究，研究内容主要包括篮球后备人才发展现状、篮球后备人才理论体系构建、篮球后备人才选拔体系、篮球后备人才培养体系、篮球后备人才教学体系、篮球后备人才训练体系、篮球后备人才保障体系等多个方面。以上几个部分的内容都属于当今篮球后备人才研究的重点或热点。通过以上内容的分析，能更好地把握篮球后备人才培养的具体情况，同时还能归纳出一定的结论，为本课题的研究提供必要的支持。

（四）比较分析法

1. 比较分析法的概念

比较分析法是一种确定对象之间相似点与相异点的思维方法。这一方法在各项理论与实践研究中也经常应用。横向比较、纵向比较和理论与事实比较等是比较常见的几种类型。在本书的研究中，这几种类型的对比分析都有涉及。

2. 比较分析法在本课题研究中的应用

在研究篮球后备人才的发展时，不仅要进行横向比较还要进行纵向比较，如此才能得出相对客观和真实的结论。横向比较就是对当今时代背景下我国与其他国家的篮球后备人才的培养情况进行细致的对比与分析；而纵向比较则是将篮球后备人才的发展置于不同历史背景下去研究和分析，通过对比与分析从中找出我国篮球后备人才培养中存在的问题，汲取其他国家先进的经验为我所用，从而推动我国篮球运动的发展，为我国篮球后备人才的培养提供良好的参考和借鉴。

(五)层次分析法

1. 层次分析法的概念

层次分析法是指将一个复杂的多目标决策问题作为一个系统，将目标分解为多个目标或准则，进而分解为多指标的若干层次，通过定性指标模糊量化方法算出层次单排序和总排序，以作为目标、多方案优化决策的系统方法。层次分析法相对于以上研究方法，应用的频率稍微低一些，但在某种情况下，这一分析方法又是必不可少的。本书关于篮球运动文化内涵及价值的研究就涉及这一方法的应用。

2. 层次分析法在篮球运动文化研究中的应用

篮球运动的文化内涵非常丰富，作为一名合格的篮球运动后备人才首先就要理解与把握篮球运动的文化内涵，充分理解参加篮球运动教学与训练的价值与意义。本书通过层次分析法的运用深刻揭示出篮球运动的内涵与价值，帮助篮球后备人才以更加积极饱满的热情投入到篮球训练之中，从而提升自己的竞技水平。这种有层次性的研究和分析具有重要的意义。

(六)专家访谈法

为了进一步了解篮球后备人才的培养现状，本人在制定研究计划时，针对有些地区的学校篮球发展情况进行了一定的研究。

与诸多的篮球专家进行了充分的沟通与交流。在访谈的过程中,听取了相关专家、学者及领导的富有建设性的意见和建议,对于本书篮球后备人才培养的研究具有重要的借鉴价值。通过运用专家访谈法,更好地了解了当前我国篮球后备人才培养的现状与存在的各个方面的问题,同时找出了制约和影响我国篮球后备人才培养与发展的策略。

第三节 国内外研究现状

一、关于国内篮球后备人才培养的研究

邢金明认为,我国篮球后备人才培养的各方面都存在一些问题,其中以下方面的问题尤为严重。第一,缺乏高素质的专业的篮球教练员,篮球教练员的综合素质有待于提高;第二,篮球基础设施建设不足,对运动员的训练造成不良影响;第三,篮球人才培养的政策与体制不是很健全,媒体缺乏足够的关注。除此之外,他还提出了促进我国篮球后备人才培养的一些政策,如积极开拓篮球后备人才培养的渠道,在社会上形成浓厚的篮球文化氛围;加强体育与教育的结合,解决好"学训"之间的矛盾;采取必要的手段与措施切实提高教练员的执教水平。[1]

学者宋建波指出了当前我国篮球后备人才培养中存在的各种问题:篮球教练员的学历普遍较低,绝大多数时候仍然采用陈旧的训练手段和方法,导致训练水平难以得到有效的提升;篮球教练员缺乏培训的机会;篮球基础设施建设不完善;缺乏具有针对性的训练方案;篮球后备人才的培养过于重视技能水平的提升而忽略了文化素质的培养;没有建立一个健全的篮球后备人

---

[1] 邢金明.辽宁省篮球后备人才培养现状分析及对策研究[J].成都体育学院学报,2010,36(04):57-60.

才选材、训练与竞赛体系,导致运动员的成材率不高。他同时还提出了一些富有建设性的意见,如篮球相关部门要吸纳各种资金用于篮球后备人才的培养与球队的建设,革新陈旧的训练模式,采用现代化的训练手段与方法进行训练,紧抓运动员的文化课学习,促进运动员素质的全面发展和提高。[1]

倪欣和叶巍对江苏省篮球后备人才的"教体结合"现状进行细致的研究与分析,得出了一定的结论。他们认为"教体结合"是一种很好的训练模式,但由于运动员在思想上面理解不足,没有在训练中得到很好的贯彻与落实,导致篮球运动员的培养质量不是很高。他们还提出了一些富有建设性的建议,如加强不同学校之间的交流与合作,打通学生运动员的输送渠道;充分利用学校教育的资源优势,进行交叉学科教学,逐步提升篮球后备人才培养的质量。[2]

叶少杰认为,在我国竞技体育发展的过程中,举国体制的实行对我国体育事业的发展产生了极为深远的影响。关于运动后备人才的培养,其中一个非常重要的体系就是体育局体系。这一体系对于我国体育运动的发展起到了重要的作用。在我国的篮球后备人才培养体系中,中小学篮球传统校—大学球队—职业队是一个比较重要的体系,在这一体系下培养出了不少具有潜力的运动员。但目前,总体上来看,我国篮球后备人才的培养体制还很不完善,并没有建立和形成一个统一的战略规划,这还有待于今后进一步的探索。[3]

杜力萍认为,为促进我国篮球运动水平的提升,提高篮球后备人才培养的质量,应在今后不断加强篮球教练员的业务培训,进一步提升篮球教练员的业务能力和执教水平。她同时还指出,

---

[1] 宋建波. 山东省青少年篮球后备人才培养现状及对策研究[D]. 山东师范大学, 2006.
[2] 倪欣,叶巍. 江苏省篮球后备人才业余训练"体教结合"新模式[J]. 体育与科学, 2009, 30 (04): 81-82+78.
[3] 叶少杰,郑桂风. 中国男子篮球后备人才培养现状分析[J]. 体育科学研究, 2018, 22 (02): 68-72.

要在今后建立一定数量的青少年篮球培训机构,不断拓展篮球后备人才培养的渠道,这样才能培养出大量高素质的篮球人才。①

张振东等人通过细致的研究与分析,指出了我国篮球后备人才的培养思路,提出我国篮球运动后备人才的培养不能闭门造车,要加强与市场经济的结合,走市场化发展的道路。②另外,他还提出在当今竞技体育市场化发展的背景下,篮球后备人才市场的建设要实现专业化的运营与管理,要在人才培养的过程中努力挖掘运动员的商业价值,不断提升教练员、运动员和相关管理人员参与后备人才体系建设的积极性。

李文涛认为,与西方体育强国相比,我国的篮球后备人才培养还存在着较大的问题。篮球强国青少年的篮球比赛是相当多的,在参加这些比赛的过程中,年轻的运动员得到了很好的锻炼。而我国篮球后备人才则很少有机会参加篮球比赛,导致他们参与比赛的经验十分欠缺。通过近些年来的不断发展,我国大学生篮球联赛获得了不错的发展和进步,在社会上或者某一范围内有着一定的影响力。在这样的情况下,我国篮球运动得到了很好的宣传,选拔与培养出的运动员也为我国篮球人才的储备提供了重要的力量。③

刘成通过对我国CUBA联赛以及美国的NCAA联赛的对比,得出了相关结论。他认为,目前我国大学联赛的区域划分存在不少问题,各地区学校的联赛水平差距较大,呈现出发展不平衡的现象。另外还存在球赛场次过少,球员对抗程度不足等问题。这非常不利于球员之间的竞争,不利于篮球后备人才的进一步发

---

① 杜力萍. 对我国篮球后备人才培养新途径的实证研究 [J]. 中国体育科技, 2008 (04): 48-51.
② 张振东, 杨建国, 周战伟. 对我国篮球后备人才市场运作的研究 [J]. 武汉体育学院学报, 2004 (01): 174-176.
③ 李文涛. 我国高校篮球人才培养模式研究 [D]. 武汉体育学院, 2015.

展。①

学者浦嵩认为,受经费不足的影响,湖北省青少年篮球的发展情况不容乐观。每年之中组织与安排的青少年篮球比赛非常少,青少年后备人才得不到必要的锻炼,因此竞技水平难以提升。为扭转这一情况,需要政府部门及学校教育部门不断拓宽经费的来源渠道。②另外,他还主张,将体育与教育部门的竞赛组织进行一定的整合,逐步增加比赛的场次,为年轻的篮球后备人才提供更多的锻炼机会,从而积累比赛的经验,促进比赛水平的提升。

学者潘前指出,伴随着近些年来我国大学生篮球联赛的开展,其竞技水平得到了明显的提升,在这一联赛平台下,篮球后备人才能得到很好的锻炼。另外,他还指出我国的竞技体育后备人才培养体制存在着不少问题,这严重制约和影响着青少年篮球人才的培养与发展。针对这一情况,他提出了一些具有建设性的建议,那就是推进体教结合,聘请高水平的篮球教练员对那些具有良好潜力的运动人才进行指导和训练。③

王晓东、蔡莉在《从中、美大学篮球赛运行机制比较看CUBA可持续发展》中提出,当前我国篮球后备人才存在的一个主要问题是没有很好地解决好"学训矛盾",绝大部分的篮球人才并不能得到很好的培养和锻炼。运动员在比赛场上不仅仅体现在身体素质、技能发展等方面,篮球知识是制约我国篮球人才培养发展的主要问题,当下篮球人才的比拼不仅仅是单纯的技术与战术的比拼,更是头脑的比拼,因此在平时的训练中加强青少年篮球人才篮球理论知识等方面的培养,不断丰富与完善青少年人才的知识结构体系,这对于其参加训练和比赛具有非常重要的意义。

郭文庭、张西平、朱恺等人指出,在竞技体育训练中,参与的对象绝大多数是青少年,青少年在进行训练的过程中一定要重视

---

① 刘成,司虎克,刘国辉.我国高校篮球联赛竞赛体制的改革[J].体育学刊,2008(11):63-67.
② 浦嵩.湖北省篮球运动后备人才培养现状与对策研究[D].中国地质大学,2013.
③ 潘前,陈伟霖,吴友凯.对新时期我国竞技体育后备人才培养体制改革的思考[J].首都体育学院学报,2007(02):25-28.

自身的发展和提高,要恰当地调节好学习与训练之间的平衡,建立先进的篮球训练理念,充分认识到体育教育的重要性,这是篮球后备人才培养的重要内容。①

覃良军认为,为保证篮球运动的不断发展,保证篮球后备人才训练水平的提升。教练员及体育教师要通过篮球等相关的体育运动,将篮球运动作为一个载体,帮助青少年更好地参与其中,在享受快乐体育的同时,进一步提升后备人才的竞技水平。②

高建磊指出,如今我国竞技体育获得了非常快速的发展,作为竞技体育的重要内容,篮球运动的发展非常重要。而在篮球发展中,青少年后备人才的培养又是重中之重。我们要以可持续发展的观念来审视当今我国青少年篮球后备人才的发展情况,并根据具体的发展实际制定篮球后备人才长效发展的机制。③

黄优强、周武等人在论文中指出,我国篮球后备人才培养的模式相对落后,需要借鉴西方篮球人才培养的机制进行有针对性的调整与改善。他们认为我国"举国体制"对篮球运动的发展有利有弊,在当今时代背景下,这一体制对我国篮球运动的发展形成了制约和阻碍。竞技体育追求运动成绩与教育体教结合很难实现和谐的发展,体教结合在很长一段时间里成为一张空头支票。④另外,他们还指出,我国各地教育部门通常都比较重视文化教育的建设与考核,体育工作受到一定程度的忽视,在这样的情况下,当地的篮球运动就难以获得发展,更不用提篮球后备人才的培养了。

蔡楠在论文中指出,我国青少年篮球运动员平时的运动训练主要由教练员负责,平时参加的各种比赛也是以队内对抗为主,

---

① 郭文庭,张西平,朱恺.主体教育理念下的竞技体育后备人才培养[J].山东体育学院学报,2010,26(07):23-26.
② 覃良军.校园足球背景下我国校园篮球发展的思考和对策[J].广州体育学院学报,2015,35(05):37-41.
③ 高建磊,陈树华,许永刚.我国篮球竞技后备人才可持续发展影响因素的研究[J].广州体育学院学报,2001(01):82-85.
④ 黄优强,周武.对中国男篮后备人才培养模式的审视[J].北京体育大学学报,2014,37(04):133-139.

参加的篮球比赛非常少,后备人才的比赛经验严重不足。另外,在教练员队伍中团队的分工也不是很明确,需要今后进一步调整与改善。①

曾伟认为,青少年篮球后备人才的训练需要制定一定的科学训练计划,这能实现事半功倍的效果。青少年篮球后备人才训练计划的贯彻与落实还要落到实处,不能成为一种口号,在平时的训练中要加强人员的管理,要杜绝教练缺席与随意教授的现象,对青少年后备人才缺席训练的情况也要给予一定的处罚。②与此同时,教练员还要结合运动队的具体实际制定合理的训练方案,对后备人才进行有针对性的个性化训练。

马民宇指出,作为世界篮球强国,美国有着强大的篮球训练体系,其中NBA与NCAA发展至今已形成了非常完备的训练与竞赛体系。而我国的CBA职业俱乐部也建立了相对完善的训练体系,但大学的训练体系则不是很完善,这在一定程度上影响着我国篮球后备人才的培养。与美国的篮球发展不同,我国篮球后备人才的培养主要依靠各支俱乐部体系下的二、三线青年队,大学联赛培养的职业运动员相对较少,选材面相对较窄,这不利于我国篮球运动员的选材。③

蒋华伟在其论文《后奥运时期湖北省青少年篮球后备人才现状及发展对策》中提出,近些年来,中国篮协充分意识到篮球后备人才培养的重要性,将篮球工作的重心转移到人才培养上面,取得了一定的成绩。但总体而言,仍然存在着重视度不够、训练与竞赛体系不完善、教练员综合素质不高等问题。我国青少年篮球后备人才的培养仍然远远落后于世界篮球强国,这是一个明显的事实。

张翔博通过对湖北省篮球运动的研究指出,湖北省创建篮球

---

① 蔡楠. 西安市青少年男子篮球后备人才培养现状的研究 [D]. 西安体育学院, 2016.
② 曾伟. 中学篮球训练中应注意的几个问题 [J]. 体育师友, 2007 (03): 19-20.
③ 马民宇. 中美篮球运动人才培养比较研究 [D]. 武汉体育学院, 2013.

第一章 绪 论

特色项目学校的决定是十分明智的,这进一步拓宽了篮球后备人才培养的路径,能为中国篮球培养出高素质的人才。湖北省篮球特色项目学校采用"学训结合"的培养模式,主张学训一体化的结合,既注重青少年运动员的篮球技术训练又注重运动员的文化课学习,这非常符合现代运动训练的要求。另外,湖北省特色篮球学校在进行班级设置时采用交叉分班的形式,把特长生合理划分到文化班当中,让普通生带动特长生学习,这对于特长生文化素质的提高起到了非常重要的作用。①

学者郝月蓉通过对当下我国双国家队模式进行了细致的研究与分析,得出了一定的结论。她认为,双国家队模式的建立有利也有弊。利处在于这一模式能在一定程度上增强篮球队伍内部的竞争关系,对青少年后备人才能起到一定的激励和锻炼作用。但是,这种模式会分散队伍的实力,不利于队员在短时间内的磨合。针对这一情况,她进一步指出,今后可以组建高水平的复合型团队,形成红蓝队执教轮换机制,这一机制可以充分应用于篮球后备人才的培养上面,通过这一模式的运用,能够取得不错的效果。②

高治、徐伟宏等人指出,在竞技篮球方面,我国与欧美等强国存在较大的差距,这不仅表现在篮球成年队运动水平上,还突出表现在青少年后备人才的培养上。与欧美等篮球强国相比,我国篮球后备人才的储备理念相对落后,甚至某些地区忽略了青少年篮球后备人才的培养。针对这一情况,我国体育部门要加强篮球后备人才的宣传,让各运动队及地方高度重视篮球后备人才的培养,并制定一套科学和完善的篮球后备人才发展战略或培养体系,从而为我国篮球后备人才的发展奠定良好的基础。③

---

① 张翔博.湖北省篮球特色项目学校发展影响因素及策略研究[D].武汉体育学院,2017.
② 郝月蓉.我国竞技篮球双国家队模式研究[J].体育文化导刊,2018(01):57-61.
③ 高治,徐伟宏.我国篮球运动后备人才可持续发展的对策研究[J].体育成人教育学刊,2004(04):39-40.

学者郝家春、查吉陆指出,如今篮球运动竞技水平已上升到一个非常高的层面,在这样的背景下,我国的竞技篮球也逐步向着多元化、多渠道的方向发展。但是我们也应看到,我国篮球运动水平与欧美等强国还存在着不小的差距,尤其是在青少年后备人才的培养方面。目前来看,我国竞技篮球人才培养的整体效率和效益都不容乐观。针对以上问题,他们还提出了一些建议,建议今后我国要进一步加强篮球人才的流动,建立人才数据库及人才培养专项基金,加大青少年篮球后备人才培养的力度,培养出一大批高素质的篮球人才。[①]

赵璘在其论文中指出,如今欧美篮球强国的篮球运动水平提升巨大,这与其重视青少年后备人才培养是分不开的,发展至今,像美国、西班牙、阿根廷等篮球强国都建立了相对完备的篮球后备人才培养体系。目前我国各地方的篮球后备人才储备十分不均衡,中学生篮球人才和女子篮球人才储备存在着非常严重的问题,这导致我国篮球选材的面非常狭窄,难以选拔出高质量的后备人才。[②]

学者郭红卫在其论文中指出,青少年篮球后备人才的培养直接关系到我国篮球运动的可持续发展。他通过对湖北省篮球后备人才的培养现状的研究,指出了我国篮球后备人才培养中存在的几个问题:篮球后备人才培养的机制不健全;结构失衡;经费投入不足;青少年参加比赛的机会较少;运动训练水平不高等。为解决这些问题,他还提出了富有建设性的意见:参考与借鉴篮球强国的模式改革现今的竞赛体制,建立篮球教练员培养制度;进一步拓宽篮球后备人才培养渠道;注重篮球硬件与软件方面的建设等。

综上所述,国内关于篮球后备人才培养的研究主要体现在篮球后备人才的发展;篮球后备人才的培养与培训;篮球后备人才

---

① 郝家春,查吉陆.转型期我国竞技篮球后备人才培养模式及优化策略[J].武汉体育学院学报,2012,46(08):96-100.
② 赵璘.山东省篮球后备力量储备与培养的研究[D].山东体育学院,2011.

第一章 绪 论

培养的体制；篮球后备人才培养的思路等多个方面。通过文献资料法的运用能找到大量的篮球后备人才培训体系的资料，从而推动我国篮球后备人才的健康发展。

二、关于国外篮球后备人才培养的研究

学者潘前在其论文中提出，中国职业篮球与美国职业篮球之间存在着较大的差距，这种差距体现在多个方面。其中对篮球后备人才的培养是非常明显的一个方面。两国之间的不同之处在于，美国职业篮球是职业联赛与体育后备系统的结合，而我国职业篮球后备人才的培养则主要是由体育系统主导。无论是在人才基数、选材范围，还是运动后备人才的投入力度等方面，我国全方面地落后于美国。据调查发现，我国与国外关于篮球后备人才的研究趋势也呈现出很大的不同，没有紧跟时代发展的趋势。因此，在今后我们需要总结经验，借鉴美国等篮球强国的先进经验，然后结合我国的国情制定出切合我国篮球发展实际的人才培养方案，这样才能促进我国篮球运动水平的进一步提升。[1]

学者柴立森通过对中美篮球人才培养体系的对比与分析，得出了如下结论。第一，近些年来，我国篮球后备人才的培养开始向学校层面转移，但是国家培养仍然占据着非常重要的地位。第二，青少年篮球后备人才的训练占据着主导地位，文化课的学习比较欠缺。第三，青少年篮球赛事相对较少，青少年缺少实战锻炼的机会，很难提升自身的比赛水平。第四，受经费不足的影响，篮球训练很难得到有效的保障。第五，与我国相比，美国在青少年篮球人才的培养上具有很强的自主性，各层次的比赛分级比较完备，已建立和形成了较为完善的赛事体系。第六，美国职业篮球获得了高度化的发展，其商业化水平越来越高，打造了具有世界影响力的青少年篮球运动品牌，培养出了大量的高水平篮球后

---

[1] 潘前.中美体育后备人才培养体制初探[J].西安体育学院学报，2003（03）：23-25.

备人才。①

学者刘玉华指出,我国篮球运动在发展的各个阶段都历经坎坷但仍然取得了不错的发展,如今篮球是中国最受关注和欢迎的竞技体育项目之一。篮球运动在我国有着广泛的群众基础。但与美国相比,我国在这一方面还处于较为落后的局面。在美国,参与篮球运动的人群十分广泛,他们对于篮球人才培养的途径也简单高效,青少年的篮球后备人才的培养主要以学校为主,有着完善的大学篮球竞赛体系,为职业篮球培养出了大量的高水平的运动员,这一点值得我国提倡和借鉴。②

王晓东、蔡莉在其论文中深刻地阐述了中美两国篮球赛事运行机制的差异,找出了我国联赛发展过程中存在的各种缺陷。他们认为,美国大学的篮球教练专业性和能力普遍很高,这是由其薪资水平决定的,对教练员来说,球队战绩的好坏决定了自身的发展前途。这种做法能极大地激发教练员工作的积极性,能够形成良性竞争的局面,这对于职业篮球的发展是非常有利的。我国在这一方面则显得比较欠缺,没有形成一个良好的教练员竞争的环境和氛围。

马志和、张林、郭培、吴贻刚等人指出,通过研究与分析篮球强国关于人才培养的机制发现,他们的体育体制通常都比较先进和合理,体育与教育相结合、有着高水平的教练员队伍和完善的各级联赛竞赛机制、有着完善的篮球发展的制度,各方面之间的利益协调比较到位,制定的篮球后备人才培养模式符合眼前及长久的利益。③

曾建雄通过研究中美两国篮球人才培养的现状发现,美国参与篮球训练的青少年是非常多的,这种良好的人口基础为职业运

---

① 柴立森.中美篮球后备人才培养体系的对比研究[J].衡水学院学报,2012,14(01):69-72.
② 刘玉华.中美篮球文化的差异与中国篮球的发展[J].体育文化导刊,2004(08):35-36.
③ 马志和,张林,郭培,吴贻刚.国外教育系统培养竞技体育后备人才的共性经验及其启示[J].上海体育学院学报,2005(01):18-21+43.

动员的培养提供了良好的渠道。而我国参与篮球训练的青少年人口基数则较小,与美国存在着较大的差距。这是造成当今中美两国篮球水平巨大差距的重要原因所在。①

孙凤龙、姜立嘉、张守伟等人通过研究美国篮球运动员的培养指出,美国篮球后备人才的培养体系有着一定的先进性,值得我们提倡和学习。美国篮球后备人才培养体系的特点主要体现在金字塔式的培养体系结构、学训结合的分层分级的竞赛制度、周期性的科学基础训练模式、完善的竞赛组织保障体系等几个方面。在这一完善的机制保障下,美国篮球后备人才的培养得以顺利进行。他们进一步指出,我们可以效仿和借鉴美国篮球后备人才培养的手段,积极转变旧有的培养观念和思路,构建一个学训赛一体化的培养结构体系,建立多层级的运动员治理机制,充分发挥每一名参与人员的积极性,参与到篮球后备人才的培养工作之中。②

冯涛和雷玉莉在其论文中指出,美国的篮球后备人才培养体系十分完善,如今已形成了小学、中学和大学的篮球训练和篮球联赛体系,每年都会举办大量的篮球赛事。通过参加各种类型的篮球赛事,运动员极大地提升了学习与提高篮球运动水平的策略,从而为篮球运动的发展奠定良好的基础。③

综上所述,关于国外篮球后备人才培养的研究,我国绝大多数学者主要是通过查阅关于国外先进职业篮球人才培养经验的相关文献得出一定的结论。在进行分析的过程中,重点从篮球后备人才的选拔与培养入手分析中美两国篮球人才培养的现状,指出美国篮球人才培养的先进性。美国职业篮球运动获得了高度化的发展,关于篮球后备人才的培养主要由各级学校完成,在中

---

① 曾建雄.我国篮球与美国篮球后备人才队伍的建设比较[J].湖北经济学院学报(人文社会科学版),2008(10):91-92.
② 孙凤龙,姜立嘉,张守伟.特征与启示:美国学生篮球运动员培养体系[J].沈阳体育学院学报,2018,37(06):120-124+131.
③ 冯涛,雷玉莉.中美青少年篮球后备人才训练差异性研究[J].当代体育科技,2016,6(19):46-47.

学与大学阶段后都积累了大量的篮球后备人才,这为美国篮球后备人才的储备提供了丰富稳定的人才数量基础,在这一系统之下,我国篮球后备人才的培养与发展必然受到各个方面的支持,为我国篮球运动的发展奠定良好的基础。

伴随着现代竞技体育的高度发展,欧美等国的篮球运动水平也日益提高。但与欧美等篮球强国相比,我国的职业篮球人才培养体系还很不完善,存在着各个方面的问题。为促进我国篮球运动水平的提升,我们可以充分借鉴和参考世界篮球强国的先进经验,并结合我国篮球发展的特点,走出一条适合我国篮球后备人才培养和发展的道路。

三、结论

综上所述,通过近些年来的努力,我国篮球后备人才培养的研究仍然处于一个落后的局面。国内对于篮球后备人才培养的相关问题研究成果很多,研究面也很广,对于不同省市的篮球后备人才培养、理念以及措施都有较为翔实的研究。但是缺乏研究的广度与深度,对篮球后备人才的研究欠缺全面性,因此也难以获得可观和真实的训练结果。

在国外篮球后备人才培养方面的研究,研究具有一定的片面性,一方面主要涉及篮球后备人才的研究,另一方面主要研究后备人才培养的策略。本研究通过整合国内外篮球后备人才的培养情况,找出我国篮球后备人才储备不足的原因,学习国外先进的人才培养理念取长补短,探索篮球人才培养模式的出路,这对于我国篮球后备人才体系的建设与发展是非常有利的。

第二章　现阶段我国篮球后备人才发展现状分析

篮球作为体育运动项目的重要代表，在世界范围内都有着广泛的普及与发展，在我国的发展势头也非常好，尤其是现阶段，我国篮球运动取得了较好的发展成效，但是，即便如此，也不能掩盖我国篮球发展中存在不足的问题。人才的发展对篮球运动的发展起到决定性的影响，因此，一定要重视篮球后备人才的培养和发展，加深对现阶段我国篮球后备人才发展状况的了解，这对于更好地培养后备人才是有利的，因此，本章在分析我国篮球运动发展状况的基础上，重点对我国篮球后备人才的发展现状、面临的问题以及发展思路或策略进行了探索和研究，是后续篮球后备人才培养与发展的重要依据。

第一节　我国篮球运动发展的现状

关于现阶段我国篮球运动的发展现状，是指改革开放以后至今的这段时间，我国在这一时期正处于社会经济的全面复苏时期，受社会经济的影响，篮球运动也得到了迅速的发展，人们对篮球运动的认可和参与程度越来越高，这也进一步推动了我国篮球运动的普及与良好发展。

现阶段，我国与世界之间的连接越来越密切，高水平的篮球运动已经成为我国篮球运动发展的重要标杆，也是重要的发展目标,这样的强烈感召和篮球运动自身独有的魅力,成为我国篮球职业化发展的重要推动力。通过对美国职业篮球联赛(NBA)的效仿和学习、借鉴,我国开始逐步发展国内的篮球市场,为我国篮球运动水平的提高创造良好条件。

目前,CBA已经成为我国篮球运动发展水平最高的篮球联赛之一,其在亚洲地区也是篮球水平最高的代表赛事,这对青少年篮球运动的发展以及职业篮球运动的发展都起到促进作用。尽管如此,我国的CBA联赛相较于世界先进水平的篮球职业联赛,差距还是较为显著的。在这样的形势下,在我国综合国力不断提高的背景下,篮球运动员的专业水平逐渐提升,群众基础越来越广泛,这些都为我国篮球运动人才的选拔与培养奠定了坚实的基础。[①]

一、我国篮球运动体育功能发展状况

从总体上来说,我国篮球运动体育功能主要呈现出多样性的发展特点。

由于现阶段我国社会经济体制改革不断推进,改革的深化程度也不断提升,在改革发展模式方面,传统的发展模式已经无法满足群众篮球运动的需求,需要进一步革新和完善与经济体制相适应的管理体系,从而有效推动我国篮球运动与社会经济、文化、教育等多方面协同发展。社会的发展需要一定的经济基础,同样的,包含篮球运动在内的体育运动的发展也必须具有一定的经济基础,篮球运动的开展还需要群众的参与,因此,我国篮球运动的发展和普及与群众基础有着密切关系,同时,这也会对篮球运动未来的发展规模和发展水平产生影响。

---

① 张成学.简述篮球运动在我国的发展历程[J].黑河学院学报,2019,10(02):207-208.

二、我国篮球运动体育经济发展状况

（一）政府财政拨款比重不够高

不管是教育事业还是体育事业，其要有所发展，都必须有强有力的经济支撑，这是最为基础的支撑力。这对于篮球运动的发展也不例外，经济在篮球运动的发展过程中扮演了不可或缺的角色。篮球运动发展所需的所有经费，来源是各个方面的，其中，政府财政拨款是其中的一个重要来源。近年来，我国经济发展势头良好，政府也越来越重视体育事业的各项发展，相应的，也逐渐加大了在体育事业方面的资金投入，但是，篮球只是体育事业的一个方面，用于篮球运动发展的资金所占比重则比较小，经济支撑力不足，这也就限制甚至阻碍了现阶段篮球运动的发展。

（二）社会投资不理想

篮球运动发展所需要的资金来源，除了政府的财政拨款外，社会投资也是重要渠道之一。近年来，社会大众对篮球运动的关注度逐渐提升，尤其是现阶段，篮球运动与全民健身、终身体育等有机结合起来，成为社会大众体育发展的重要内容。但是，通过进一步分析，我国社会公众所具有的体育发展意识仍然比较薄弱，篮球运动方面的专业知识掌握程度也并不理想，可以说，公众薄弱的篮球运动发展意识限制了我国篮球运动的发展，社会关注度低就决定了社会投资不理想这一现状。因此，发展篮球事业还要进一步拓展资金来源。

（三）篮球本身的经济杠杆功能没有充分发挥出来

任何事物的存在都是在一定的价值基础上实现的，也就是说，事物存在即有价值，篮球也不例外。篮球的价值是无量的，目前我们所了解到的篮球价值只是冰山一角，对于篮球本身的经济杠杆功能我们是有所了解的,但是,理解程度并不太高,这就为其经济杠杆功能的运用增加了难度。这也是为什么我国至今没有将篮球运动产业的有形资产和无形资产充分挖掘出来的主要原因。

三、我国篮球运动政治环境与体育制度发展状况

(一)政治环境为篮球运动的大发展提供助推力

篮球运动的发展也与我国的政治环境和政治活动有密切关系,因为篮球相关政策的提出和实施都属于政治活动的范畴,而这些政策的提出与实施又会对篮球运动的发展产生影响。当前,群众篮球在我国得到了大力提倡,越来越多的群众篮球活动受到各方面的支持与倡导,这就对我国体育事业的整体发展产生有利影响。另外,对于篮球运动来说,也能起到大大提升其在整个体育运动中的地位与影响力的作用。篮球运动的发展也需要在良好的政治环境中进行,这也是重要的影响因素之一。从国家的角度来说,要推动篮球运动的发展,就要给予大力支持,包含政策方面,也包括资金方面,这就为我国近阶段篮球运动的发展提供了必要的核心推动力。

(二)我国篮球运动体育制度发展状况

现阶段,我国关于篮球运动的体育制度是有的,但是,全面且系统的相关制度却还没有形成。从事物发展的基本规律上来说,不管什么样的事物,其发展都要具备一定的理论基础,这是必需的,因此,对于篮球运动的发展来说,也需要具备理论基础,因为这样才能为完整的篮球制度的制定与建立奠定理论基础,现实意义显著。

对于篮球运动来说,其发展会受到多方面因素的影响,其中,起到关键性影响的因素之一就是完善的体育制度,另外,完善的体育制度,还可以对篮球发展水平进行测评和预估,这是重要的检测标准之一。还有,完善的体育制度还能有效保证篮球运动发

展的规范化,也可以将其理解为重要的制度保证。

现阶段,我国在篮球运动方面已经制定并实施了一系列的相关体育制度以及体育理念,由此,也使得广大群众对篮球的基本知识有了一定的了解,但是,这是远远不够的,不管是从篮球运动的发展来说,还是从对广大群众的影响力上来说,都需要进一步的改进。比如,框架体系的成熟度有待提升;在发展我国的篮球行业方面,不具备显著的优势;我国的篮球运动发展管理职责不明晰,身份混乱。这些篮球运动制度方面的问题都会对篮球运动的发展产生制约甚至是阻碍作用。

四、我国篮球运动体育赛事发展状况

（一）小篮球运动赛事体系的完整度不够

发展至今,小篮球运动赛事通常可以分为两个部分:一个是省级预赛,一个是省级决赛。其中,省级预赛所面对的主要是各个小学,该项篮球赛事的参与都是秉着自愿的原则进行的,初赛以淘汰赛或循环赛的形式,选拔出能够晋级到下一轮比赛的运动队,参加省级预赛,再通过淘汰赛或者循环赛的方式晋级省级决赛,最后将各个队伍的名次按照比赛的结果排列出来。

目前,小篮球的相关赛事并不多,其中,具备全国总决赛的只有"星耀未来杯";然后是"苗苗杯",以及各个地区、培训俱乐部等方面所举办的赛事,这些赛事都是以省级或者区级、校级为最高决赛点的,没有顶级赛事(图2-1)。[①] 由此可以看出,小篮球运动赛事体系的完整度还不够。

（二）教授内容与比赛表现需求不一致

（1）运动员个体之间对篮球技术掌握和运用的水平差异性

---

① 李治.后备人才培养视域下我国小篮球运动可持续发展研究[D].成都体育学院,2019.

较为显著,实践中发现,不管是运动员还是运动队之间,技术水平总是存在差异性的,这与其平时的训练水平有密切关系。

（2）运动员在基本技能方面的掌握程度不高,实战历练欠缺。实践中发现,很多运动员在日常训练中能够将技术水平充分发挥出来,但是在实战比赛中却往往做不到,其主要原因可能归结于运动员在日常训练中缺乏实战的情境训练或是缺乏临场状态。

（3）运动员对篮球技术的理解深度不够,很大一部分运动员只是对篮球技术的功能有所了解,但是,技术使用的合理性以及与战术配合的协同性却知之甚少,以至于裁判吹响哨音的时候一脸茫然。

（4）一些运动员和运动队存在战术素养较低的情况,主要原因在于教练在训练过程中忽略了战术训练和学生对于战术理解程度不够。

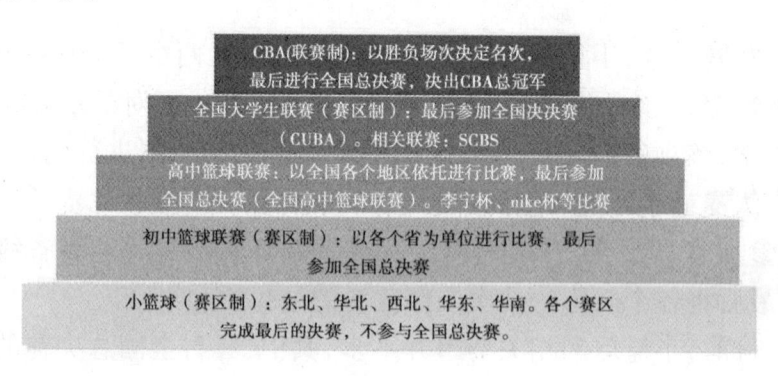

图 2-1

五、我国篮球运动体育文化发展状况

（一）对个人价值的实现不重视

从宏观意义上来说,篮球运动的发展并不只是一个运动项目的发展,其会对整个国家事业的发展产生重要影响,这是典型的部分影响整体的反映。一个国家是由一个个公民组成的,因此,可以将篮球运动的发展看作是公民的自身事业。

第二章 现阶段我国篮球后备人才发展现状分析

当前,尽管我国的体育运动发展速度越来越快,并且也取得了一些发展成效,但是,相较于发达国家来说,还是存在着较大的差距,我国社会公众在参与竞技体育事业方面的热情还远远不够高,仍然需要使自身参与竞技体育的意识得到进一步的增强和改善,同时,还要有效改善只有极少数人具有借助竞技篮球运动来实现自我价值的现状,入手的根本在于,社会公众对于国家的事业等同于自己的事业的理解还不透彻,对这方面持赞同态度的也在少数,这也是篮球运动得不到广泛和普遍发展的一个重要原因。

(二)篮球总体理念不断更新

在我国,除了职业篮球运动的发展,群众篮球运动形式在我国的普及程度比较高,对民众有较大的吸引力。现阶段的篮球运动发展走向为娱乐化、多样化、健身性。[1]当前体育事业发展过程中,人们参与篮球运动的主要动机为体育的健身理念和健康生活理念。想要全面提高竞技类篮球运动的整体水平,做好群众篮球运动就成为一种必然,这与现代化体育产业的发展也有着密切联系,不可忽视。因此,通过各种方式和方法让群众篮球运动和竞技类篮球运动之间的关系变得越来越密切就显得尤为重要。

(三)篮球文化理念欠缺

从我国的角度来说,篮球是一种外来的文化的重要反映,尽管我们对篮球发展已经有所重视,但是,仍然存在着对其文化渊源了解不够深刻的问题。尽管我们在观看篮球比赛时能做到欢呼雀跃,但是,这种看似热烈的呼应,在专业方面是有所欠缺的,其中,最为基础性的,则是篮球在文化理论研究方面,这一点是无法被隐藏和掩盖的。

篮球运动的发展对具备的条件有着各种要求,其中,一个先进且完善的篮球文化体系理念是重要组成要素之一,也是必要条

---

[1] 特木尔杜西,韩静涛.改革开放后中国篮球运动发展研究[J].当代体育科技,2019,9(27):7-8.

件之一,而这方面的欠缺,对我国篮球运动的发展所产生的影响是负面的、消极的。

有一点毋庸置疑,就是我们固有的直觉思维形式会对理性研究产生不利影响,制约其研究的深刻程度,还有可能使其大大落后于实践,并且由此而导致无法将其作用灵活地发挥出来。

通过对当前形势的深入分析发现,外来篮球文化对中国本土篮球文化的冲击力不容小觑,在这样的形势下,进一步快速地反应并制定出可实操化的新篮球文化是非常重要且必要的,并且要注意,所制定的这种新篮球文化一定要具有更强的青春感染力、号召力和新时代的生命力。

(四)缺乏对篮球参与者人格精神理性思维的培养

对于篮球运动来说,其所反映的不仅仅是理念方面,更是一种人的精神,其对人的主体性是非常重视的,这是篮球运动强调的重点之一。因此,我国在发展篮球运动这一过程中,一定要将人的主观能动性的发展作为重要关注点。一方面,我国篮球参与者的人格精神培养不足,对我国篮球运动的发展产生了制约甚至阻碍作用;另一方面,我国篮球参与者的理论思维水平偏低,这就使我国篮球运动水平与原本的水平存在较大差距。另外,我国篮球运动教育事业的发展也使得篮球参与者的积极性和更高人格的实现受到禁锢。

六、我国篮球运动体育保障发展状况

(一)师资力量不足,培训系统不健全

小篮球是篮球运动的一个重要形式,从现实情况中发现,学校以及培训俱乐部在师资方面的欠缺是非常普遍且严重的。当前小篮球教练员与学生的比例并不科学、合理,仍然存在着学生的人数多而教练员的人数少的问题,亟须解决。

第二章　现阶段我国篮球后备人才发展现状分析

调查发现,以学校为单位参加小篮球比赛的运动员在系统的培训方面是较为欠缺的,很多的学校之所以会组队进行训练,主要是因为需要提前训练才能参加小篮球比赛,并且训练延续性不高且周期较短的问题仍然存在。这种为了比赛而选拔队伍并且训练的形式,是缺乏系统性的,学校在数据库管理方面还没有形成统一的体系,在招收和考核队员时,通常只是进行简单的测试,就确定下来该队员是否能够参与到篮球队的训练活动中去。这一点对于小篮球运动的持续发展是不利的。

另外,还有一些问题制约着小篮球运动的发展,比如,学校在专门的篮球队伍选拔机制和训练体系方面是欠缺的;针对小篮球运动专项教练员,没有定期进行相应的培训,导致教练员的专业水平普遍不高;小篮球教师没有形成主动学习的习惯,知识较为落后,无法满足现代社会发展的时代需求。在训练的过程中过于成人化,并且训练的过程也是成散点分布,由此可见,完整的训练体系是欠缺的,是需要将完成训练体系的构建作为重要任务的。

(二)小篮球与学校的融合度不够

我国学习篮球运动的发展,主要受到校园篮球运动发展的影响,但是,除此之外,小篮球运动的发展也会影响到学校篮球运动发展的状况。调查发现,目前我国校园篮球运动的发展主要集中在初中、高中和大学阶段,这三个阶段的篮球赛事也比较多,但是,在小学阶段的篮球联赛方面,却缺失了全国性的这种顶级赛事,这就造成了我国基础性的篮球联赛的缺乏,造成了头重脚轻现象的产生。这种畸形发展状况的产生原因有很多方面,其中,较为主要的有:小学阶段的篮球比赛开展的难度较大,学校的教师和家长将学生的文化课学习作为关注的重点,而在包括篮球运动在内的体育运动方面并不重视,不愿意学生花费太多时间来进行篮球运动锻炼。因此,对于小篮球运动来说,其现阶段发展需要解决比赛较少的问题。

七、我国篮球运动体育管理发展状况

(一)篮球教练员水平差异较大

我国的篮球教练员,之前存在着较大的缺口,但是,通过从外国"引进来",以及从我国退役的国家运动员中选拔,已经弥补了我国篮球运动员数量上的不足,但是,由于不同国家的教练员所接受的篮球文化的熏陶不同,这种篮球文化之间的不同很大程度上造成了我国篮球运动健儿在训练中的迷茫,这也与我国国情不相适应,两者之间的差异性还是较为显著的。另外,我国篮球教练员的水平参差不齐,这种差异性就制约了我国篮球运动的进一步发展。

(二)篮球运动员挖掘潜力力度不够

相较于发达国家的职业篮球运动员来说,我国篮球运动员的总体水平还是要低一些的,这与训练强度和训练时间的不充分有着非常密切的关系。而通过进一步的透析和追究,我国职业篮球运动员的薪资激励机制欠缺,是根本性原因。但是,我国职业篮球运动员的自我激励与自我发掘不够也是导致上述现象产生不可忽视的重要原因,亟需解决。

(三)篮球裁判员的总体水平欠佳

篮球裁判员水平不高也是制约我国篮球运动发展的重要因素之一。目前来看,我国篮球裁判员的整体水平欠佳,时常在比赛中出现各种争议判罚。另外,团队经营的问题仍然存在着,甚至一些团队为了能够在资金不足的情况下维持正常的经营管理活动,而聘请一些专业水平较低的教练员,这些也都对我国篮球运动联赛水平的提升产生显著的制约甚至阻碍作用,这在现代社会发展进程中也是不可取的。

八、我国篮球运动体育环境发展状况

从经济学的角度,可以将篮球看作是商品经济发展的一个重要产物,并且这与市场经济的开展有着密切的关系。某种程度上,篮球中蕴含着法律价值、商业价值和文化价值。

中国职业篮球联赛信息较弱,组织者、分销商、承建商、俱乐部和媒体不能形成凝聚力,在联赛中的竞选活动是不够的。[①] 另外,市场在广度和深度上都要进行大幅度的改进,如此一来,俱乐部就必须不断对那些缺乏硬件和软件的团队与球迷所有形式的通信进行有效改进和完善。

第二节　我国篮球后备人才发展现状

一、我国篮球后备人才基本发展状况

(一)篮球后备人才的知识储备状况

关于我国篮球后备人才的文化课学习情况,要想取得理想的篮球训练成效,首先就必须要具备足够的时间和足量的训练强度,但是,这与篮球后备人才文化课的学习时间和任务之间的矛盾是必然存在的。

调查发现,认为篮球运动训练对其文化课学习产生非常大影响的篮球后备人才只有极少数,认为篮球运动训练完全不影响其文化课学习的后备人才占到1/6左右,人数也不多。另外,大部分的篮球后备人才都认为自己文化课成绩一般或较差。对此,就有人将上述两个方面联系起来,作出了这样的解释:"文化课成

---

① 白阔天.我国篮球运动发展中存在的问题及对策研究[J].赤峰学院学报(自然科学版),2018,34(01):102-103.

绩已经够差了,篮球对其自然没什么影响。"从认知上来说,大部分的篮球后备人才是具备"文化课和篮球训练同样重要"的共识的,但是,在行动上却无法与其认知相适应,也可能是由于考试、训练、比赛的时间冲突,或者训练后身体疲劳,难以集中精力进行文化课学习,从而对学习效果和质量产生了影响,逐渐进入负循环中。

(二)篮球后备人才的生源情况

关于篮球后备人才的来源,可以大致归纳为:学校选拔,学校特别招收,教练员选拔以及自我推荐这几种。

调查发现,大部分的篮球后备人才的来源是校内选拔,具体来说,就是通过文化选拔和篮球培训成为篮球运动员的。其他的通过学校招收、教练员校外选拔等途径成为篮球运动员的数量要少一些。以校内选拔渠道为例,在通过这一渠道选拔的篮球后备人才中,对篮球感兴趣且篮球专业水平比较高的占到了大部分,其他的所占比重则比较小。从学校的角度来说,校内选拔是其获取优秀运动员的主要渠道,篮球后备人才选拔渠道有限,这就对学校获取高水平运动人才产生了制约作用,因此,进一步改进和拓展篮球后备人才选拔渠道至关重要。

(三)篮球后备人才的心理发展状况

对于篮球后备人才来说,动机是激发和维持他们参与并坚持篮球训练的内部驱力,因此,篮球后备人才动机状况会对他们的发展造成一定影响。

调查发现,大部分的篮球后备人才往往都是因为热爱篮球而选择了篮球,这使得他们有着较大的决心和勇气进行长期艰苦的训练。这都与篮球运动自身的魅力不无关系。另外,以"升学加分"或"锻炼解压"为动机而参与篮球训练的学生也有,但是占据的比重非常小。由此可以看出,在当前教育体制下,篮球后备人才文化课任务多且体育运动量不足的现象已经较为普遍。积极参与到篮球运动中,对于篮球后备人才升学压力大,体质下降快,心理负担重的情况有着良好的功能和效果。

(四)篮球后备人才的去向情况

作为学生的篮球后备人才,其课业压力都是比较繁重的,因为关系到升学的情况。从某一方面来说这一时期的学习对于他们日后的发展弥足重要。应该说当下学生都已经有了规划未来的想法了。

从篮球后备人才的角度上来说,其未来的发展方向以及发展的空间,取决于很多因素,其中,他们的人生规划中是否形成了未来要发展与篮球有关的职业是关键性影响因素之一。在这方面,大多数的学校和上级主管部门是持积极态度的,他们正在努力和上一级体传校、大学、体育运动学校、体育俱乐部等积极合作,从而能够为运动员专业水平的发挥提供更好的平台,这也是他们持续发展的重要途径之一。在这方面做好科学规划至关重要,所涉及的内容主要有:在高校继续篮球运动、职业篮球运动员以及考取理想大学。

调查发现,大部分的篮球后备人才都选择继续上学。这部分学生以篮球后备人才的身份继续接受教育,与家庭的影响有着非常密切的关系,由于体育院校对学生的文化课要求普遍较低,这就使得一些具有体育运动特长的学生会将考入体育院校,毕业后成为体育运动相关职业人员作为日后的出路。此外,还有一些学生将持续走体育运动这条路,尽可能采取各种有效措施来不断提升自己的专业技能水平。

二、我国篮球后备人才师资发展状况

一般的,我国篮球教练员在篮球教学、训练以及带运动队比赛方面都是有一定的经验的。篮球教练员在篮球意识和篮球后备人才培养水平方面已经形成了自身独到的见解,对我国以及学校篮球运动的发展以及后备人才培养与发展都有较为全面且深刻的理解。研究发现,在我国篮球运动后备人才发展过程中,教练员所产生的影响是非常重要的。

另外,篮球后备人才及其教练员培养两者之间的联系非常密切,通过对篮球教练员具体情况的分析和了解,也能将其执教能力以及其他与篮球训练有关的综合素质反映出来。

(一)篮球教练员的年龄及性别状况

1. 篮球教练员的年龄分析

篮球教练员在不同的年龄段,所表现出的教学与训练经验也是不同的,其所具备的知识储备和创新能力也有着较大的差别。可以说,篮球教练员年龄结构会在很大程度上影响着整个篮球教练员团队的持续稳健发展,其所产生的篮球运动发展方面的影响也是深远的。

调查发现,篮球教练员的年龄存在着较大的跨度,其中,所占比重最大的是41～50岁的教练员,其次是31～40岁的,再次是30岁以下的篮球教练员,51岁以上篮球教练员所占比重最少,这与篮球运动项目特点有一定的关系。作为一名篮球教练员,首先在体质方面要好,虽说其身体素质不用像篮球运动员那么棒,强健的体魄还是非常重要的;在心理素质方面,要有较强的思维能力和分析能力,能够深入理解篮球规则及相关技巧;还要具备良好的教学和引导能力,比如主要的课堂讲解、示范、纠错的能力。一般来说,50岁以下的篮球教练员在年龄结构上是比较合理的。

调查还发现,篮球教练员在年龄结构上呈现出逐渐年轻化的发展趋势,从篮球教练员的整体年龄结构上来说,大部分的教练员还处于经验积累阶段。但是,不可忽视的是,相对更为年轻的教练员有着精力充沛、创新开拓精神强的显著优势,这也是教练员年轻化的主要原因。

第二章 现阶段我国篮球后备人才发展现状分析

2. 篮球教练员的性别分析

调查发现,篮球教练员性别方面,大部分为男性,女教师所占比重要小一些,大概为男性教练员数量的一半。由此可以反映出篮球教练性别比例不合理的问题。

(二)篮球教练员专业、学历状况

1. 篮球教练员的专业分析

篮球教练的职业能力和职业素养会对篮球运动和篮球后备人才的发展与培养产生直接影响。通过相关调查发现,职业篮球教师与非篮球专业教师所占比重还是有所差距的,其中,前者所占比重不到半数,后者所占比重已经超过半数。另外,调查还发现,在职业篮球教练员中,拥有职业篮球队的训练和比赛经验的非常少,1/10 都不到。参加 CUBA、CUBS 等大型篮球训练比赛的也只有 1/10 左右的比例。其他的教练员也有体育专业篮球专项或者体育院校学习的经历。由此可以反映出,非篮球职业教练人员所占的比例是非常高的。另外,导致非篮球职业教练员所占比重较高的原因有很多方面,其中,根本上当属发展需要,使得人员以各种方式成为行业的一员。总体上来说,现阶段,比赛水平高、拥有职业篮球训练经验的教练员是比较欠缺的。

2. 篮球教练员的学历分析

对于教练员来说,学历能够以官方证明的形式体现出其接受过正规教育,是教练员理论知识水平和综合学习能力的重要体现,同时,也能够将教练员的各项专业能力和心理素质、精神等从侧面体现出来。可以说,篮球教练员的学历是判断其执教能力、职业能力的重要指标,其会对篮球后备人才的发展与培养产生重要影响。

调查发现,具备本科学历的篮球教练员所占比重达到了半数以上；其次是硕士学历，只占到 1/5 的比重；再次是大专及以下学历，所占比重非常小。由此可以看出，本科和硕士学历是篮球教练员的主要学术水平。这与篮球教师学历的全面提高密切相关。提高篮球教练学历，为篮球后备人才发展作出贡献。

从普遍意义上来看，篮球教练员的主要来源是体育专业毕业生，学历结构没有太大的变化，处于正常发展水平的范畴上。但是，通过对现阶段篮球教练员学历状况的调查发现，硕士及博士教练员这种高学历的数量呈现出偏少的状态，甚至还有一些教练员存在着学历偏低的问题，这与其受学校教育偏少、接受篮球专业方面的定期或者不定期培训较少有关，这也一定程度上折射出篮球教练员在文化程度方面存在着整体水平不高的问题，这也是现阶段需要改进和完善的一个重要方面。

（三）篮球教练员任教年限及职称状况

1. 篮球教练员的任教年限分析

要想成为一名优秀的篮球教练员，必须经过长时间的学习与努力，使自身的各项知识储备和专业能力得到妥善提升。由此可以推断，教练员任职时间能够将其职业素质、执教能力等相关情况反映出来。

通过对篮球教练员任教年限调查发现，任教年限三年以下篮球教练员人数最多，接近于半数；其次是任教年限达到 4～8 年的篮球教练员，所占比重在 1/4 左右；教学年限在 9～14 年的篮球教练员所占比重不到 1/5；而教学经验在 15 年以上的篮球教练员只占不到 1/10。由此可见，我国篮球教练员专业水平有待提高的一个重要原因就是任教年限普遍较低。

2. 篮球教练员的职称分析

教练员职称的级别，能够将其综合素质、学术能力、科研层次、训练能力等反映出来，可以说，职称水平可作为判断一个教练员执教能力的重要依据。

调查发现,现阶段获得一级和二级教师职称的篮球教练员是所占比重最大的,其次是获得高级职称的篮球教练员。导致这一职称特点的主要原因在于,教练员的年龄结构分布和学历结构分布。

三、我国篮球运动后备人才的学训状况

我国篮球后备人才的发展,都是在不断的学习和训练过程中实现的,可以说,篮球运动训练是篮球后备人才发展与成长的最重要手段。

通过对我国篮球后备人才发展情况的调查发现,大部分学校在篮球后备人才的发展方面是有一定的计划性和规划性的。但是,也有一些学校在篮球后备人才发展方面的规划并不理想,甚至缺少长远的规划。

从常规意义上来说,现阶段篮球教练员在把握篮球相关训练内容及其具体情况时,通常都是将篮球后备人才的技战术水平这一要素进行充分考虑而进行的。

篮球后备人才的学训矛盾主要体现在其日常学习和篮球训练的时间和精力分配上。学生的时间和精力是有限的,学习和篮球训练之间的矛盾是不可避免的,因此,要做的主要工作就是尽可能使两者之间的矛盾弱化。另外,调查还发现基本各校都根据自身实际情况而制定了相应的篮球后备人才教学计划,以此来使篮球后备人才学习与训练都不会被耽误,都能够尽可能得到良好的发展,这也为篮球后备人才的持续性发展创造了有利条件。

四、我国篮球后备人才管理办法发展状况

(一)篮球后备人才领导机构情况

目前,篮球后备人才的领导机构是由两部分构成的,一个是

专业化的领导班子制度,一个是辅导责任制。一般的,专门的领导班子的领导为校体育组副组长,同时,还会成立专门的领导小组,其主要职责包括该校篮球运动建设和发展事宜,除此之外,还要做到相关的一些基本要求,比如,组建"领导小组运动队教练员"三级责任人机制,并且还要使其在合理性、先进性等方面更加显著。

调查发现,现阶段学校在篮球运动方面普遍采用的是领导班子责任制。

(二)篮球后备人才管理制度设置情况

一般来说,大部分学校在篮球总体发展以及篮球后备人才发展方面并未获得较好成效,所制定和实施的相关管理体制的完善程度还远远不够。

尽管有些学校建立了一定的人事制度,但是,在实际效果方面并不理想。更有甚者,一些学校在书面的制度规定方面存在着空白。

总的来说,如果在健全严格的规章制度方面是欠缺的,那么,所导致的最终结果就是管理的混乱。由此所导致的进一步的后果,则是会对整个训练、教学工作产生较大的影响,对学校篮球项目发展以及篮球后备人才发展产生阻碍作用。

(三)篮球教练员配备及聘用情况

毋庸置疑教练员是整个球队的核心人员,他对一个球队是否可实现稳定发展产生非常重要的决定性影响。

调查发现,大部分学校只有1名篮球教练员,少部分有1名教练员和1名助理教练员。另外还发现,这些教练员以及助理教练员,在管理队伍后勤、日常训练的过程中,并没有将他们职业队教练员的作用充分发挥出来,导致篮球后备人才训练活动的开展效果并不理想,尽管其已经针对篮球后备人才的训练情况提出了相应的见解,但是,这并不是主要方面,在大部分的时间内,他们通常只是篮球后备人才训练的辅助者,这一角色与教练员、助理教练员的实际地位和作用是大相径庭的。

关于教练员的选拔,也存在着一些不足,比如,从学校方面来说,没有将健全的教练员选拔机制制定出来;从选拔的范围来说,在社会上的影响力不足,导致社会参与度并不高。这些都制约了教练员选拔的水平和质量。另外,近年来,一些学校在教练员执教水平的考核方面制定了较好的激励政策,比如,将执教考核成绩与执教资质挂钩,从而有效促进篮球教练员积极主动地去提升自身的专业水平,这对于篮球后备人才的训练效果也是较为理想的。

五、篮球后备人才的学习及家长态度状况

学生的文化课成绩成为决定升学的重要因素。调查发现,对子女参加篮球训练持"反对"和"不太支持"态度的家长相差无几,都在1/7左右;近半数的家长是持"比较支持"的态度的;有1/5的家长是很支持子女参加篮球训练的。由此可见,大部分家长都是比较支持孩子参加篮球训练的。

另外,篮球后备人才在学校训练时,训练的频率以每周3～4次为主,训练频率在每周1～2次以及每周5～6次或6次以上的都占极少数。[①]

六、篮球后备人才的场地情况

篮球后备人才的发展是需要在一定的基础设施保障下才能实现的,因此,篮球运动的场地情况也会对篮球后备人才的发展产生影响。调查发现,大部分学校是设有室内体育馆的。塑胶场地则是其他大多数学校的主要配备。大部分学校的篮球场地是基本可以满足篮球后备人才的训练需要的。但是,也不乏一些学

---

① 余绍. 江苏省篮球后备人才发展现状及培养对策研究[D]. 南京体育学院, 2020.

校的篮球场地不能满足训练的需要,这就会影响篮球训练的开展,对于篮球后备人才的发展和培养也是不利的。[①]

七、篮球后备人才保障体系发展状况

通过分析发现,针对已经客观存在的各种问题,要想妥善解决,只靠学校或者运动员是无法实现这一目标的,是需要学校、主管部门、篮球运动员及其家长共同努力才能实现的,这是篮球后备人才得以全方位优化的重要前提。

建立健全竞赛机制与运行机制,对于篮球后备人才的发展来说至关重要,这是重要的保障措施,在这方面的资金投入要有所扩大,从而使现有篮球设施的质量得到有效提高,使现有篮球运动条件有所改善。

八、篮球后备人才输送模式发展状况

学校是培养和输送人才的主要基地和渠道,对于篮球后备人才来说,也是如此。因此,学校在篮球后备人才培养和输送方面有着很高的参与度,并且所起到的作用是其他渠道不可替代的。

目前,我国的篮球后备人才培养及输送模式主要为"三级培养输送模式"。总体上说其人才培养模式具有多样化的特点,主体性、可操作性特征显著。

九、篮球后备人才培养环境发展状况

现阶段,教练员的执教水平越来越受到重视,因此,在考核方面力度也逐渐加大,同时,还采取了执教水平与执教资质挂钩的举措,对于篮球教练员整体水平的提升大有裨益。从本质上来说,

---

[①] 青凯. 深圳市中学篮球传统项目学校篮球人才培养现状研究 [D]. 延安大学, 2018.

篮球后备人才训练水平的不断提升,以及训练理念的不断改进,也在一定程度上受到现有的场地设施、医疗设施以及客观存在的学训矛盾的影响。

当前,关于篮球后备人才所采用的训练方法,涉及的训练内容,都体现出了严重的滞后性,同时,学训矛盾仍然较为严重,这些都制约了篮球后备人才培养的水平和速度,这就要求学校必须将相应的教学和训练计划制定出来,从而使篮球后备人才的教学和训练能够尽可能和谐,促进两者良好推进。

十、篮球后备人才质量和发展力度状况

综合人才队伍的性别比例、年龄构成以及输送运动员的渠道、运动水平、训练年限、未来规划等因素,来通过有效途径和措施,积极有效地优化人才培养,使其在质量和力度上都有所改进,这一点已经处于实施中,并且呈现出逐年加强的趋势,取得的效果良好,因此,要抓住这几个方面继续投入精力,能够对篮球后备人才的发展起到积极的促进作用。

第三节 我国篮球后备人才面临的困境

目前,我国篮球后备人才发展方面,已经取得了一定的成效,但是,也仍然存在着一些困难,制约甚至阻碍着我国篮球后备人才的发展,这些困难大致有以下这几个方面。

一、运动员流失严重,人才发展断档

对于一些经济欠发达的地区,或者学校体育环境不好的学校,运动员的流失情况是普遍存在的,尤其是一些高水平的优秀运动员,会向一些经济发达地区或者学校体育环境较好的地方转移。由此,会导致部分地区或学校优秀人才培养出现断崖式下降的情况,另外,由于这些地区以及学校对包含篮球在内的体育运动项目的重视程度较低,更是缺乏在这方面的政策支持和资金支持,从而导致本地区的一些运动专业人才不断出现外流的情况,同样的,恶劣的环境和条件,也不会对其他地区的体育运动人才产生吸引力,长此以往,本地区的篮球后备人才越来越少已经成为一种必然。

二、高水平比赛较少,竞赛制度有待完善

现阶段,我国一些省市地区学校单位之间,关于女子篮球队的赛事参与度非常低,所进行和参与的赛事通常为青少年篮球锦标赛,四年一届的省运会,但是,参加比赛的队伍并不多,这就导致女子篮球队交流较少,另外,一些地区在女子篮球赛事的参与方面,参与度极低,甚至会连续几年都不参加。

对于一些省市地区来说,本身所具有的高水平比赛就比较少,再加上对篮球竞赛的不重视,竞赛制度和竞赛的保障工作不完善,这些都不利于篮球高水平比赛的举办,也不利于篮球后备人才参与相关赛事,从而最终导致篮球后备人才专业水平提升受到影响。

三、经费无法保障,篮球市场混乱

篮球后备人才的发展需要一定的资金作保障,这是重要的基础条件。调查发现,用于篮球后备人才发展的经费无法满足球队的经费支出是主要问题之一。国家重视体育事业的发展,因此,在包含篮球在内的各个体育运动项目的发展方面都会有相应的专项资金,但是,到了学校方面,这种专项资金就非常有限了,还可能被其他项目占据,因此,这就导致篮球后备人才的运动训练在资金支持方面欠缺,因此,通常篮球后备人才需要自筹资金来

保证篮球训练和比赛的顺利进行。缺乏这一动力,篮球后备人才训练和比赛中的各种问题就会不断出现。所以,这就需要不断拓展资金来源的渠道,改善资金来源单一化的问题,从而使篮球后备人才发展经费得到保证。

当前,人才引进已经成为体育事业发展的重要途径,但是,在市场经济条件下,人才的引进也会受到资金不足的限制和阻碍,这是普遍存在的问题。从全国范围来说,篮球后备人才流动已经成为一种普遍现象。对于不同省市地区的人才引进来说,仍然有很多因素对其产生制约甚至阻碍作用。比如,资金投入不理想,无法对篮球后备人才产生足够的吸引力,导致人才流动受到限制;奖励机制不够完善,地方政府所采取的培养政策和支持措施对篮球后备人才没有足够大的吸引力;不同省市地区的经济水平差异大,从而导致篮球后备人才及篮球事业发展的地域不均衡性越来越严重;社会化俱乐部数量持续增加,但是在管理上较为混乱,监管措施的规范性也不够;私营俱乐部通常只强调盈利,在留住人才方面并不关注,从而导致人才的不断流失。

四、学生家长陈旧的思想观念阻碍学生篮球训练

调查发现,对于大部分的家长来说,都是希望孩子多掌握一门技术并以此步入高校,这也是家长同意孩子参加篮球训练的主要原因。同时,也有一部分家长同意孩子参加篮球训练是为了增强孩子的体质。[1]

---

[1] 阎涵.河北省女子篮球后备人才培养的调查与研究[D].河南大学,2016.

第四节　我国篮球后备人才发展的思路或策略

一、转变观念，加强训练

对于我国篮球后备人才的发展来说，转变观念，提高认识，是首要任务，也是一项长期而艰巨的过程。对于篮球后备人才来说，端正训练动机，促使他们接受长期的专项训练，是必须要得到家长支持的，因此，扭转家长的观念至关重要。

同时，政府要提高这方面的重视程度，可以出台一些对于篮球后备人才有利的相关政策，加大对青少年篮球运动的宣传力度，加强教练员与家长之间的沟通与交流，通过积极有效的鼓励政策来为篮球后备人才发展提供帮助，从而保持家长与青少年运动员对篮球训练动机的一致性，使篮球后备人才的整体训练水平得到有效提升。

二、善用奖励政策，加大监管力度

关于发展和输送篮球后备人才，政府与篮协需要共同进行管理，并且在这一过程中，要对篮球后备人才队伍的建设和扩大起到促进作用。

三、提高待遇，健全人才保障体系

（一）提高篮球人才待遇，避免人才流失

运动员福利待遇不好也是造成人才流失的一个重要原因，青少年运动员在各自的培养单位参加训练，欠缺的经费、不完善的场地设施，都会制约篮球后备人才的发展和培养。

（二）减少顾虑，健全人才保障措施

大部分不能成为一线队运动员的篮球后备人才就会面临着退役，就需要政府在相关政策方面进一步给予关注，完善人才保障计划，对篮球后备人才的升学、就业、医疗等予以一定保障和补偿。

（三）重视篮球后备人才发展的连续性

优秀篮球后备人才的流失，是现阶段普遍存在的一种现象。要防止这一现象的发生或者降低其发生概率，制定出相应的约束机制是有效措施之一。同时，扩大招生源头，吸引外省优秀人才流入。

一定要加大宣传力度，使人们能够对篮球运动有更加全面的了解和认识，扩大篮球运动的社会影响力度，这对于篮球后备人才的发展也会产生积极的推动作用。通过各方面的努力得到社会、学校、家长的认可，让人们对篮球运动事业有正确、理性的认识，营造良好的社会环境。

（四）积极采取奖励政策，解决人才后顾之忧

着眼于实际，促进篮球后备人才的发展。另外，为了保证篮球后备人才的持续发展，还要为其谋求良好的发展空间，使其未来的发展前景逐渐明确，从而为篮球后备人才日后的职业化发展创造良好的发展平台。

除此之外，还要充分结合篮球后备人才的实际情况，为他们的未来发展拓宽道路，其中，最为主要的是要有意识地加大与高校的合作，畅通人才输送渠道，解除人才的后顾之忧，积极为篮球后备人才的可持续发展奠定基础。

四、拓展资金来源渠道，改善篮球运动环境

（一）实现经费多元化，扩大资金来源

一般来说，运动项目的经费主要来自学校的专项拨款，另外，政府对篮球后备人才培养资金投入，以及社会资金，都是篮球后备人才发展的主要资金来源，除此之外，就没有别的经费来源了。由此可以看出，篮球后备人才发展的资金来源是相对比较单一的，针对这一现状，就需要积极解放思想、拓宽资金渠道，从社会各个方面取得支持与帮助，从而使篮球后备人才发展对资金的需求得到充分满足。

（二）加大政策和资金投入，改善篮球运动设施与环境

要根据实际情况，适时增加资金投入，有效完善篮球运动训练的相关设施，为篮球后备人才的教学与训练创造良好的环境。

上级教育主管部门、学校对篮球后备人才发展的重视程度要有所提升，从而保证篮球后备人才发展的需求。

五、提升教练员综合素养，整顿队伍建设

（一）提升教练员专业能力，建立完善的培训考核制度

篮球运动的发展以及篮球后备人才的发展，都会直接受到篮球教练员专业能力的直接影响，因此，从篮球事业发展的战略上来说，这是非常值得关注的问题，同时，加强对教练员的培养是现阶段的重要任务之一，因为这关系到竞技篮球的全方位发展和高质量提升。

具体来说，篮协可以从篮球教练员的培养与培训方面入手，通过培训活动的开展，将相关的人才引入进来，使教练员队伍的总体水平有所提升；引入激励性的考核机制，使教练员能够从自

身出发,主动提升自身的积极性和能动性;打造有效的培训师资梯队,设置与教练员实际情况相适应的培训课程,将培训的整体性和关联性作为关注的重点。

(二)提高教练员综合业务能力,整顿教练员队伍

篮球后备人才的发展和未来的发展方向,都在很大程度上受到教练员的导向作用的影响。甚至在某种程度上,教练员的能力、水平会对这项运动的发展进程产生决定性的影响。

教练员的培训工作必须是全面的,涉及范围要广,这样,才能使教练员的素质水平有所提升。除此之外,还要聘请部分国外优秀的教练员来对教练员进行系统的理论辅导,从而使教练员的执教能力得到提升。

还需要强调的是,科学合理的竞赛制度是提高基层篮球运动水平的基础,只有建立科学合理的竞赛体系,才能在比赛中对篮球后备人才的训练水平进行科学检测。

第三章 新时代我国篮球后备人才体系之理论建构

篮球人才是体育人才的重要组成部分,培养篮球后备人才,既离不开系统的体育教育,也离不开科学的运动训练。在新时代培养篮球后备人才,构建与健全篮球后备人才体系必须坚持科学理论的指导,如体育人才学理论、运动训练学理论和体育教育学理论。本章重点对这三种理论进行研究,从而为构建篮球后备人才体系提供可靠而充实的理论依据。

第一节 体育人才学理论

一、体育人才的概念

人才是指具有一定的专业知识或专门技能,进行创造性劳动并对社会作出贡献的人。

体育人才,是指具有一定体育学识水平和技能,并能在体育领域里作出创造性贡献的人。[①]

二、体育人才的分类

体育人才包括体育竞技人才、体育教育人才、体育产业人才、

---

① 唐炎,朱维娜.体育人才学[M].重庆:西南师范大学出版社,2006:42.

体育科技人才、体育媒体人才、体育管理人才六种类型,如图3-1所示。

图 3-1[①]

从上图来看,在六类体育人才中,居于核心地位的是体育竞技人才和体育教育人才。这两类体育人才是其他四类体育人才存在的前提,其他四类体育人才的存在和发展情况由这两类体育人才的存在与发展情况决定。

(一)体育竞技人才

体育竞技人才主要是指竞技体育运动员,他们是推动国家体育事业发展的重要力量,为体育事业的发展注入源源不断的活力。运动员代表的是一个国家的竞技体育实力,他们在国际比赛中的高水平发挥能够为国家争得金牌与荣誉,能够提高国家在世界上的体育形象、体育地位和体育影响力。

(二)体育教育人才

体育教育人才的主要任务是进行体育科研,取得具有影响力的科研成果;开展体育教育,培养体育人才。体育教育人才有体育教师、社会体育指导员等,体育教育人才在科研中与体育科技人才联系密切,而在人才培养中与体育管理人才有密切的关系。

(三)体育科技人才

社会主义现代化建设离不开科技的参与,科技在体育事业发

---

① 唐炎,朱维娜.体育人才学[M].重庆:西南师范大学出版社,2006:43.

展中发挥着举足轻重的作用,可见体育科技人才对体育的发展也很重要。在体育人才培养中,对这类人才的培养不可忽视,要将这类人才的积极性充分调动起来,使其在体育事业发展中的作用得以充分发挥。

(四)体育产业人才

市场化发展是我国体育事业发展的一个重要趋势,随着市场机制的不断健全,体育相关产业日渐兴盛起来,这就对体育经纪人之类的体育产业人才有了大量的需求。

(五)体育媒体人才

体育的发展离不开媒体的宣传报道,体育媒体人才的重要性不可忽视。体育知识丰富、表达能力良好的优秀体育媒体解说员能够使一场比赛更有看点,具有感染力的解说能够吸引更多的人观看比赛。体育媒体人才对体育媒体产业的发展具有重要推动作用。

(六)体育管理人才

科学的管理是体育事业发展的重要支柱与保障。管理能力强的体育管理人才充分发挥自己的管理才能,能够推动体育事业的健康持续发展。

上述六类体育人才对推动我国体育事业的发展都具有重要作用,这些人才之间联系密切,互为补充。六类体育人才及其相互关系构成了统一的体育人才体系。

三、体育人才的知识结构

不同类型的体育人才在不同体育领域中各自发挥自己的作用,实现自己的价值。不管是什么类型的体育人才,都必须具备良好的知识素养,知识结构达到一定的要求,适应自己所在领域的发展的需要,为自己所在领域的发展贡献自己的力量。下面重点分析六类体育人才各自的知识结构。

(一)体育竞技人才的知识结构

图 3-2 所示的是竞技体育运动员的知识结构。图中显示出竞技体育运动员有突出的专项技能,专业基础知识也较好,但基础学科知识储备少。这主要是因为运动员从小接受训练的时间长,而文化学习时间少。我国长期以来为了培养优秀的竞技体育后备人才,对青少年运动员的潜能进行深入挖掘,满足竞争激烈的竞技体育对运动员运动技能的高要求,对青少年的运动技能训练给予了高度重视,青少年将大部分时间与精力花费在训练场上,而文化学习时间得不到保障,所以基础知识掌握得少,不成体系,文化素质水平不高。

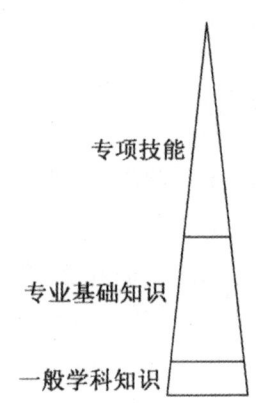

图 3-2[①]

一些运动员的道德品质也十分堪忧。社会上一些不良风气如拜金主义、享乐主义、过度娱乐、过分追求物质享受等影响了一些运动员的思想,侵蚀了他们的精神世界,使他们害怕吃苦,不愿辛苦训练,不服从教练员管理,只想走捷径,追求物质享受,在训练中散漫无节制,没有团体意识,而且公德心差,法律意识薄弱,没有奉献精神。这些都损害了我国运动员队伍的形象,损害了中

---

① 唐炎,朱维娜.体育人才学[M].重庆:西南师范大学出版社,2006:46.

国体育的对外形象,影响了运动员退役后的再就业,也影响了竞技体育的发展。

我国体育运动员的文化水平整体不高,受教育程度也不高。在举国体制下,运动员长期接受专门的训练,训练方面受到严格管理,在这种训练模式下,运动员处于尖锐的学训矛盾中,这就是青少年运动员虽然受教育程度和学历水平看似和同龄人一样,但是真正的文化程度和知识能力却不及同龄人。运动员除了运动技能突出外,其他知识结构严重失衡,理论知识素养差,也缺乏社会适应能力和实践能力,缺乏计算机等学科技能和外语能力,最终导致运动员知识面狭窄,学习能力差,这直接影响他们退役后的再就业和社会生活。

我国体育运动员文化水平较低与竞争越来越激烈的竞技体育的高水平发展现状是一对非常突出的矛盾。在市场经济背景下,社会就业制度和劳动用人制度发生了相应变革,社会各行各业都存在着非常激烈的竞争,文化素质偏低的运动员在现代社会中的生存、适应及发展问题令人担忧。有些运动员将来会成为教练员、体育教育工作者或在其他体育领域从事工作,如果他们文化素质低,则不利于培养运动员和学生,在岗位上也很难充分发挥作用。文化程度低的运动员退役后会面临难以就业的问题。当运动员的竞技水平和成绩达到自己的极限,没有上升趋势甚至还会随年龄增长而下滑时,不得不退役,或者到了一定年龄身体素质不足以支撑其继续进行高强度的训练和比赛时,也不得不退役,退役后的再就业问题是一个非常重要的社会问题。面对社会人才市场的激烈竞争,退役运动员一时间难以适应,一些综合素质偏低的运动员难以凭自己的能力顺利就业。再就业是每个运动员都要面对的,只是时间早晚的问题,为了退役后能找到适合自己的岗位,运动员必须努力提升自己的文化素质。运动队和学校也要重视培养运动员的文化素质,提高其综合素质,使运动员终身受益。

(二)体育教育人才的知识结构

体育教师和教练员都是体育教育人才的主要代表,体育教师的知识结构用图 3-3 中的实线梯形图表示。为了和教练员的知识结构做一个对比,我们将教练员的知识结构用虚线三角形图表示。从实线图和虚线图的对比来看,体育教师的一般学科知识更丰富,教练员的专业技能更强。

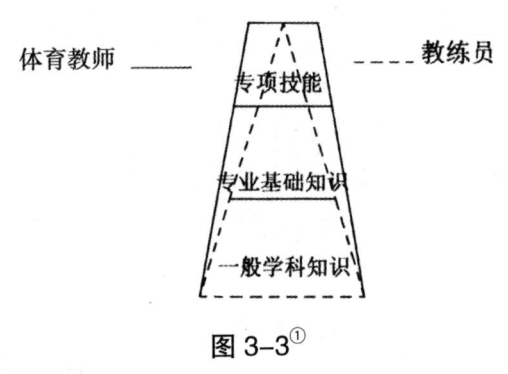

图 3-3[①]

1. 体育教师的知识结构

新时代体育教师作为体育教育人才的重要组成部分应该具备以下三个方面的知识结构。

（1）基础文化知识

在信息时代,学生可以通过很多现代化手段获取丰富的体育知识,随着现代信息的快速传播,很多在课堂上没有讲到的知识学生都能从互联网上查找到,学生信息量的增加对体育教师的教学提出了更为专业的要求。而且很多学科之间都有密切的联系,学科渗透现象很普遍,甚至呈现出综合与融合的趋势,所以体育教师要不断拓宽自己的知识面,除了学习专业知识外,还要学习相关学科知识,这是素质教育的要求。体育教师展现出自己博学的一面,可以更好地激励学生学习,培养学生自觉学习的习惯,可以在学生中树立威信,也有助于师生关系的改善。

---

① 唐炎,朱维娜.体育人才学[M].重庆:西南师范大学出版社,2006:48.

（2）教育科学知识

体育教师的教育科学知识是否丰富直接影响其教学艺术水平和教学质量。体育教师应自觉学习教育科学知识,拓宽这方面的知识面。向未来社会的接班人传递人类社会的优秀文化遗产,使接班人继承文化遗产,并创造出更多令人瞩目的成就,这是对教师职业性质的定位。因此,体育教师要对学生的身心发展特征、教育教学规律以及教学技能和教学艺术进行准确熟练的把握与掌握,从而将学生的主体性调动起来,提高体育教学质量。

（3）专业知识

体育教师要完成好体育教学工作,必须具备扎实的专业知识,这是最基本的条件之一,也是必须具备的一个教学条件。和体育课程有关的专门知识都是体育教师应该掌握的专业知识,见表3-1。

表3-1 体育教师应掌握的专业知识

专业知识	具体内容
体育科学基础	体育学科发展史、各运动项目发展史
	运动解剖学、运动生理学、运动保健学等
	体育原理与方法等
体育专业技术	球类运动技术
	田径运动技术
	形体类运动技术
	保健类运动技术等
体育专业教育技术与理论	体育健身理论与方法
	体育竞赛理论与方法
	体育保健理论与方法
	体育项目专项技术教学与训练等

2.教练员的知识结构

体育教练员主要负责运动训练和比赛的工作,在竞争越来越激烈的竞技体育领域,对教练员的执训水平提出了越来越高的要求,所以教练员应该在自己所教的项目上掌握精深的专业知识和熟练高超的技能。从本质上来说,运动训练也是一种特殊的教育形式,教练员不仅要培养与提升运动员的竞技能力,还要培养其综合素质,使运动员全面发展。所以扎实掌握丰富的育人知识和高水平的专项技能对教练员来说非常重要。目前来看,我国教练员虽然专项技能好,但知识面窄,在教练员培训中,知识培训也容易被忽视,所以影响了教练员的执训能力,影响了训练效果。为了促进运动训练的长远发展,培养出全面发展的运动员,应该强调一般学科知识和教育学科知识在教练员知识结构中的重要性。

（三）体育科技人才、体育媒体人才和体育产业人才的知识结构

体育科技/媒体/产业人才的知识结构如图 3-4 所示,这三类体育人才的知识结构没有太大的差别。图中虚线部分表示对这三类体育人才来说,在专项技能上没有硬性要求。但是对他们的一般学科知识和专业基础知识要求高,不管是知识广度上,还是知识深度上,都有很高的要求,而且这方面的要求明显比对竞技人才这方面的要求高。而且除了掌握必要的一般学科知识和专业基础知识外,还要进一步掌握更高层次的专业知识。下面分别说明这三类体育人才各自要掌握哪些专业知识。

1. 体育科技人才的专业知识

对科技人员队伍的知识结构进行研究是各行各业组织好科技队伍的首要前提。科技人才如果缺乏必要的专业知识素养,无法对自己所在领域的科技问题进行解决,那么其作为科技工作者就是不合格的,不符合这个角色的定位与要求。所以,掌握专业知识对科技人才来说十分必要。体育科技人才应掌握专业的体育学科知识,了解体育科研的新动态,掌握新的相关科技成果并运用于解决体育领域的科技问题。体育科技人才对于国内外体育科技的相关情况、知识、资料、信息、形势等都要保持高度的敏

感性，不断更新知识与信息，不断充实与完善自己的知识结构，提高自己的体育科技水平和解决体育科技问题的能力。

图 3-4[①]

2. 体育媒体人才的专业知识

体育媒体人才的专业知识水准体现了其专业素养。这类体育人才的专业知识不同于专家的专业知识，专家一般都有扎实的专业知识基础和雄厚的专业学习能力，并能运用所学专业知识研究某些问题。而体育媒体人才之所以要补充必要的专业知识，主要是为了可以更好地理解专家说的话，并能以大众化的语言来准确表达专家传达的理念和道理。简单来说，体育媒体人才学习专业知识是为了方便采访与报道，方便完成本职工作，所以他们的专业知识水平没有必要达到像专家那样的高度。

3. 体育产业人才的专业知识

体育产业的特殊性对体育产业人才的知识素养提出了较高的要求。体育产业人才要掌握的专业知识涉及体育专业、市场营销、网络科技、企业管理、广告传媒、市场消费等多个方面。广博的知识能够为体育产业人才顺利进行社会交往、提高体育产品营销效率、推动体育企业经营管理带来极大的方便。

---

① 唐炎，朱维娜. 体育人才学[M]. 重庆：西南师范大学出版社，2006：52.

(四)体育管理人才的知识结构

拥有全面扎实的管理知识是管理者完成领导任务、履行管理职责的首要前提。缺乏管理知识的管理者是不可能将自己的团队管理好的。新时代对管理人才知识结构的要求体现在"专"和"博"两个方面,前者代表专业,就是知识要精,后者代表广博,也就是知识面广。管理人才经常要利用自己广博的学科知识和精深的专业知识去考察研究和解决问题。

体育管理人才的知识结构如图3-5所示。

图3-5[①]

从上图来看,管理学知识是体育管理人才知识结构中的核心,是体育管理人才最先需要掌握的知识。其次,管理学外围的体育学、社会学、心理学等学科知识是体育管理人才在掌握管理学知识之后所要掌握的知识。最后,体育管理人才要掌握历史、地理、文学等知识。这几类知识构成了体育管理人才的知识结构,其中管理学知识最为重要,中间层次之,最外层作为拓展与补充知识也很重要。

综上分析,六类体育人才的知识结构不尽相同,各有特点,但都必须在自己的知识领域达到结构的最优化,即各自的知识系统要有层次结构,各部分知识要保持相互协调的状态。不管是哪类体育人才,都应该最先掌握专业知识,然后对相关学科知识进行

---

① 唐炎,朱维娜.体育人才学[M].重庆:西南师范大学出版社,2006:53.

学习,补充自己的知识库,增加知识储备量,完善自己的知识系统。优化知识结构有助于培养"一专多能"的体育人才,这是现代社会发展的需要。体育人才掌握精深的专业知识和广博的相关学科知识之间并不矛盾,也不冲突,反而学习专业知识和学习基础学科知识是可以相互促进的,真正会学习的体育人才一般都是通才型和综合型人物,他们可以做到以博促专,以专取博,专与博结合。①

四、体育人才的作用

(一)增强人民体质

对全国人民的体质健康状况进行改善,促进全民健康水平的提高,这是我国在新时代全面推进体育事业发展的宗旨。为了达到这个目的,我国各类体育人才全面开展相关体育工作,如广泛宣传运动与健康常识,加强体育教育,重视大众体育管理,提高大众的体育锻炼意识,带动大众参与体育锻炼的自觉积极性,使其对基本的身体锻炼原理与方法有所掌握,切实改善体质,促进健康。

(二)促进社会主义精神文明建设

体育爱好者喜欢利用闲暇时间观看体育赛事,这是他们日常生活中的一项娱乐活动。观看体育赛事使得人们的社会生活更加丰富多彩,也使观赛者的情操得到陶冶,心灵得到净化,精神世界得到真善美的沐浴,使人全身心都获得满足。运动员在国际运动场上奋力拼搏,最后的成绩一定程度上代表了其所在国家的体育实力甚至是民族实力,大型世界体育赛事总是能使亿万观众的心悬在半空,直到有了结果的那一刻,观众心中的一块石头才能落地,而比赛结果又使观众或悲或喜,决定他们的情绪。运动员在赛场上表现出来的团结、拼搏、集体主义以及爱国主义

---

① 唐炎,朱维娜.体育人才学[M].重庆:西南师范大学出版社,2006:59.

精神能够激励与鼓舞观众,促进民族振兴和社会主义精神文明建设。

(三)建设体育强国

我国体育事业之所以能取得今天的成就,我国之所以能够成为名副其实的体育大国,都是各类体育人才全力付出的结果。没有众多优秀体育人才的努力和奉献,我国体育事业不可能有今天的成绩。

一个国家体育实力的强弱可从其在国际体育大赛中取得的成绩体现出来,甚至一个民族的综合实力和科技水平也反映在体育成绩中。我国从改革开放以来涌现了大量的体育人才,在众多体育人才的努力下我国体育事业取得了很大的成就,如成功举办了奥运会,在接连几届奥运会中都取得了不俗的成绩等,可见体育人才对促进一个国家体育综合实力的增强是何等重要。

一个国家体育事业的发展高度一定程度上是由该国体育人才的数量与层次水平所决定的,体育人才是我国建设体育强国的重要力量。在我国从体育大国迈向体育强国的现在及未来,需要大量优秀体育人才在各自领域努力拼搏,否则不可能达到世界体育强国水平。只有体育管理人才践行国家体育方针政策,发挥管理与领导才能;体育科技人才振兴体育科技事业;体育教育人才搞好体育教育工作;体育教练人才培养好运动员;体育竞技人才不断提高自己的成绩,等等,各类人才共同努力,协同配合,才能将我国建设成为世界一流水平的体育强国。

(四)促进外交

体育人才对促进国家外交也有重要影响。著名的乒乓球外交充分体现了体育运动员在国家外交中发挥的重要作用。在大型综合性国际体育赛事上,各国各民族运动员欢聚一堂,在竞争对抗中切磋与交流运动技能,这推动了世界人民的团结,促进了海外友谊的建立与巩固。体育外交为我国经济外交、政治外交、文化外交提供了良好的平台,有助于提高我国的国际影响力,为我国综合实力的增强打造了良好的国际环境。

第二节 运动训练学理论

一、运动训练学概述

(一)运动训练学的概念

运动训练学是一门研究和反映运动训练一般规律的新型的体育交叉学科,其理论体系如图 3-6 所示。在新时代运动训练学的发展与应用中,运动训练与其他学科的联系越来越紧密,呈现出综合化发展趋向,多学科的融合促进了运动训练学理论体系的丰富与完善,有学者在多学科互动的基础上构建了新的具有交叉性与综合性的运动训练学体系,如图 3-7 所示。

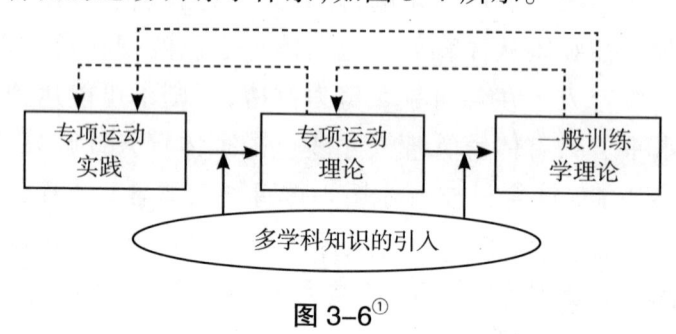

图 3-6[①]

(二)运动训练学研究

运动训练学主要从横向与纵向两个维度上研究运动训练的相关问题,如图 3-8 在横向维度上主要研究训练原则、训练方法、训练内容、训练负荷及训练安排;在纵向维度上主要研究一般训练、项群训练和专项训练的相关问题,在纵向维度上各项内容的

[①] 曹青军.运动训练理论与实践[M].北京:北京理工大学出版社,2010:102.

研究中都会涉及横向维度上的几个训练要素。

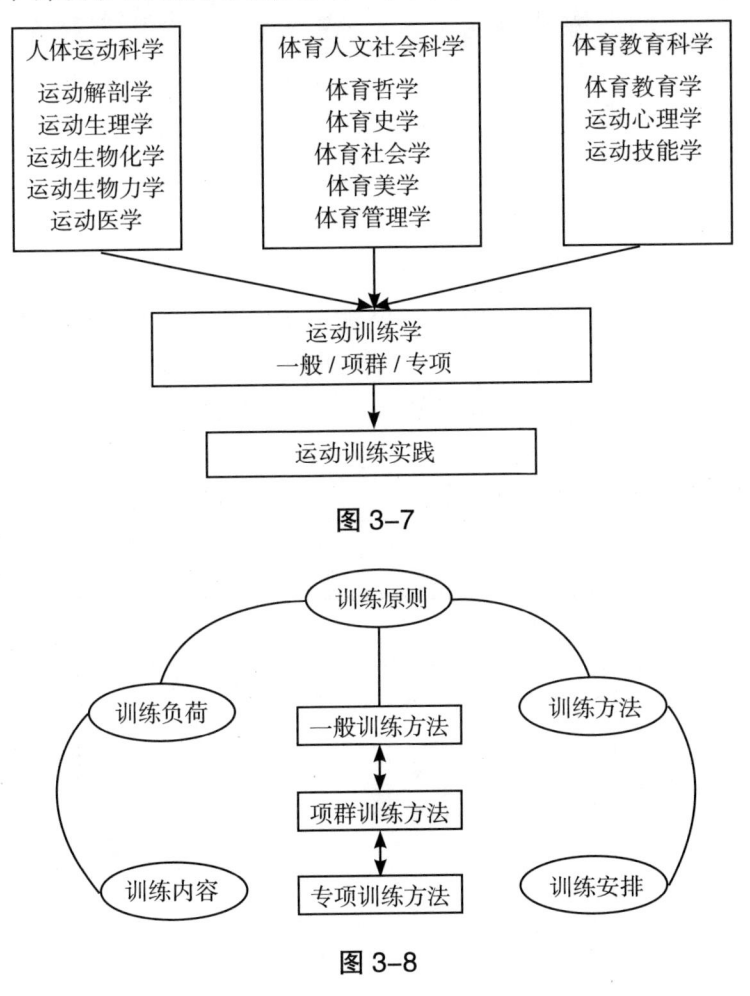

图 3-7

图 3-8

二、运动训练的概念

运动训练是运动员在教练员的指导和有关人员的共同配合下，按人的发展和比赛的要求，提高运动成绩、促进运动员有运动个性的全面发展的教育过程，其本质是提高运动成绩，促进人的发展。[①]

---

① 宋继新.竞技教育学[M].北京：人民体育出版社，2003：45.

三、运动训练的内容

运动训练包括以下五大内容。

（一）体能训练

体能训练是为提高运动员身体素质，使其保持或提高专项运动成绩而进行的基础性训练。体能既要全面，又要与专项特点紧密结合，从而促进运动员身心健康，提高其运动成绩。

体能训练主要包括身体机能训练和运动素质训练，具体训练内容分别如图 3-9、图 3-10 所示。

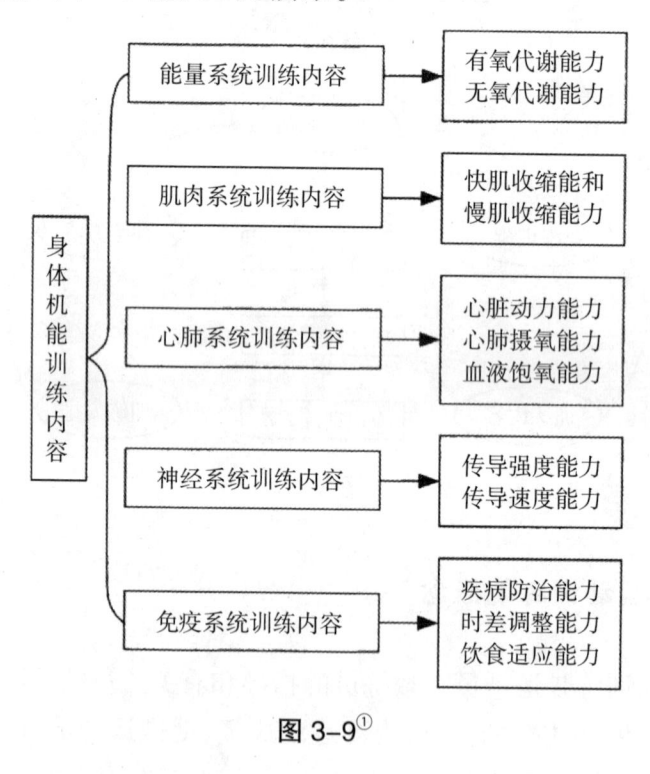

身体机能训练内容：
- 能量系统训练内容 → 有氧代谢能力、无氧代谢能力
- 肌肉系统训练内容 → 快肌收缩能和慢肌收缩能力
- 心肺系统训练内容 → 心脏动力能力、心肺摄氧能力、血液饱氧能力
- 神经系统训练内容 → 传导强度能力、传导速度能力
- 免疫系统训练内容 → 疾病防治能力、时差调整能力、饮食适应能力

图 3-9 [1]

---

[1] 胡亦海.竞技运动训练理论与方法[M].北京：人民体育出版社，2014：72.

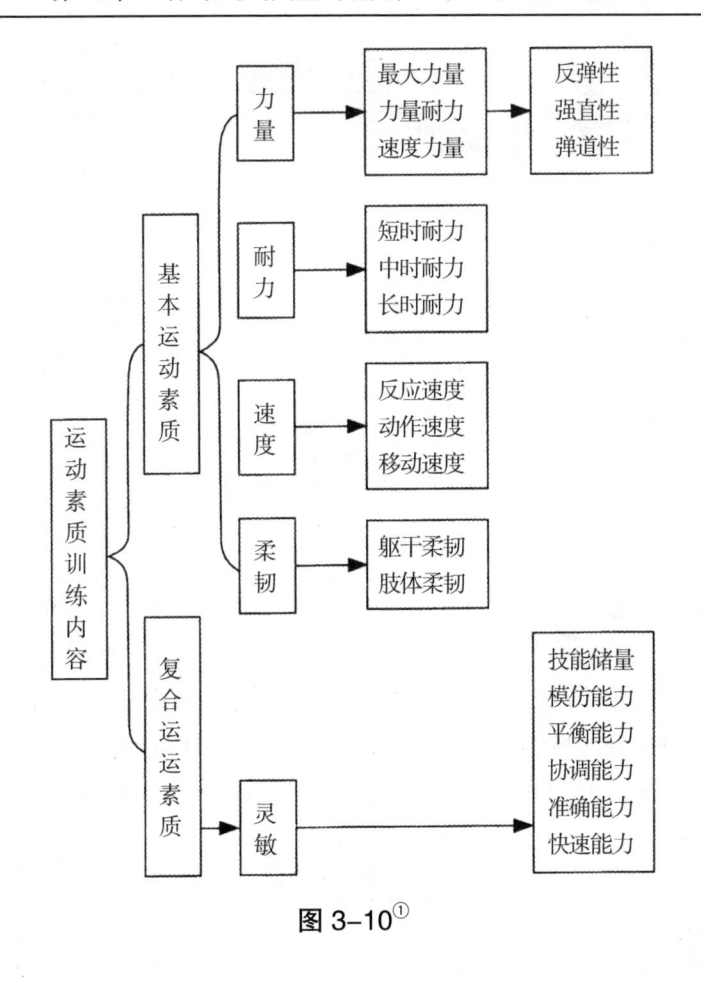

```
                    ┌─力量──→ 最大力量 ──→ 反弹性
                    │         力量耐力      强直性
                    │         速度力量      弹道性
                    │
              ┌─基本│─耐力──→ 短时耐力
              │ 运动│         中时耐力
              │ 素质│         长时耐力
              │    │
运动素质      │    │─速度──→ 反应速度
训练内容──────┤    │         动作速度
              │    │         移动速度
              │    │
              │    └─柔韧──→ 躯干柔韧
              │              肢体柔韧
              │
              └─复合运动素质─灵敏──→ 技能储量
                                     模仿能力
                                     平衡能力
                                     协调能力
                                     准确能力
                                     快速能力
```

图 3-10[①]

（二）心理训练

心理训练是培养运动员良好意志品质、记忆品质及思维品质的运动训练。心理训练日益受到教练员与运动员重视是运动训练从"体能型"向"智体型"转变的重要标志。心理训练一般要融于其他训练过程中，也可以专门进行心理训练。

运动心理训练的内容如图 3-11 所示。

[①] 胡亦海.竞技运动训练理论与方法[M].北京：人民体育出版社，2014：73.

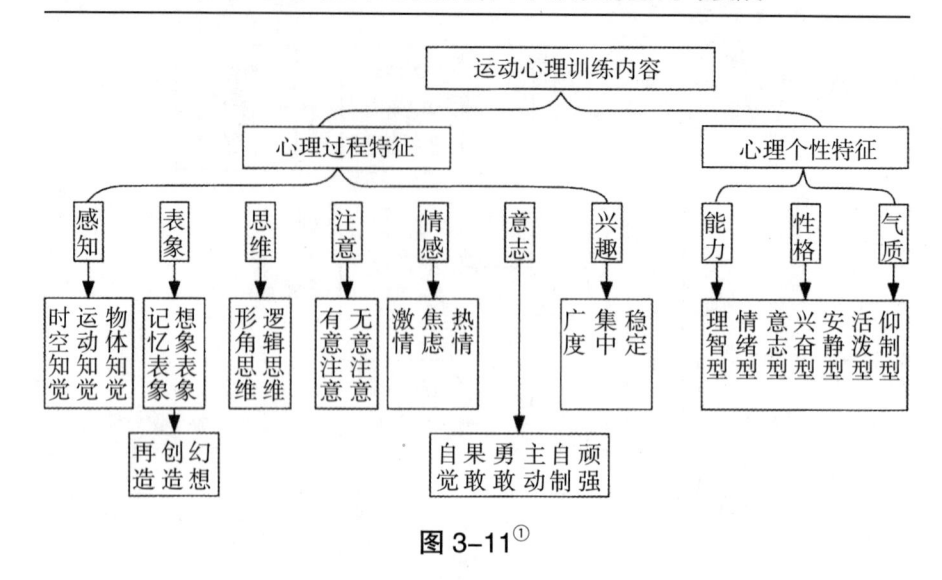

```
                          运动心理训练内容
                    ┌──────────┴──────────┐
              心理过程特征              心理个性特征
    ┌───┬───┬───┬───┬───┬───┐        ┌───┬───┬───┐
   感  表  思  注  情  意  兴         能  性  气
   知  象  维  意  感  志  趣         力  格  质
    │   │   │   │   │   │   │        │   │   │
   ┌┴┐ ┌┴┐ ┌┴┐ ┌┴┐ ┌┴┐  │  ┌┴┐     ┌┴┐ ┌┴┐ ┌┴┐
   时运 记想 形逻 有无 激焦热 │ 广集稳  理情意 兴安 活抑
   空动 忆象 象辑 意意 情虑情 │ 度中定  智绪志 奋静 泼制
   知知 表表 思思 注注        │        型型型 型型 型型
   觉觉 象象 维维 意意        │
         │              自果勇主自顽
        ┌┴┐             觉敢敢动制强
       再创幻
       造造想
```

图 3-11[①]

（三）智能训练

运动智能指的是运动员在运动训练或竞技比赛中运用基础和专项理论知识认识训练和竞赛的一般或特殊规律并解决现实问题的能力。运动员的智能训练内容如图 3-12 所示。

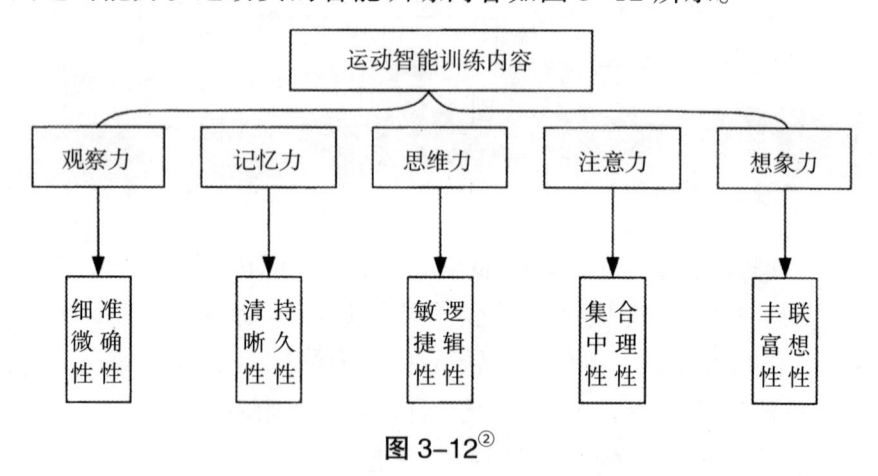

```
              运动智能训练内容
    ┌─────┬─────┬─────┬─────┬─────┐
   观察力 记忆力 思维力 注意力 想象力
     │     │     │     │     │
   细准  清持  敏逻  集合  丰联
   微确  晰久  捷辑  中理  富想
   性性  性性  性性  性性  性性
```

图 3-12[②]

---

① 胡亦海.竞技运动训练理论与方法[M].北京：人民体育出版社，2014：74.
② 同上.

（四）技术训练

技术训练是改进、提高和完善运动动作的运动训练，它是运动训练的高级阶段。技术训练的内容相对比较广泛，高水平运动员的技术训练相对专一。技术训练涉及技术环节、技术细节、技术基础三个维度，如图3-13所示。

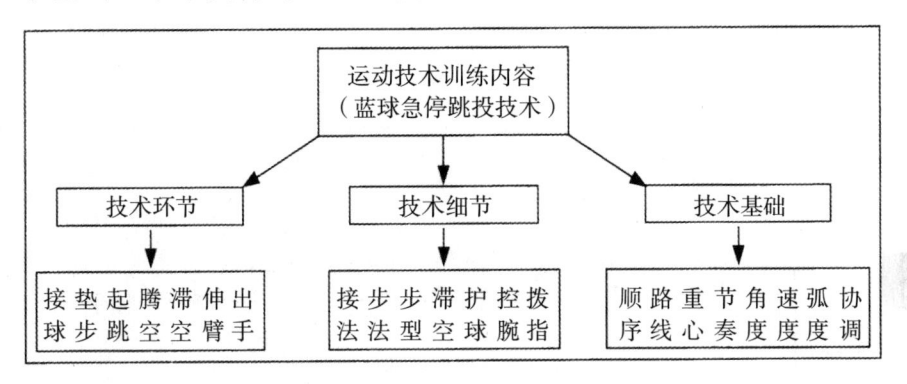

```
              运动技术训练内容
            （蓝球急停跳投技术）
        ┌──────────┼──────────┐
    技术环节      技术细节      技术基础
        │           │            │
   接垫起腾滞伸出  接步步滞护控拨  顺路重节角速弧协
   球步跳空空臂手  法法型空球腕指  序线心奏度度度调
```

图 3-13[①]

（五）战术训练

战术训练是结合专项比赛的要求，培养运动员独立作战或集体配合能力的运动训练。对运动员战术意识的培养应从早期训练抓起。

战术训练内容如图3-14所示。

四、运动训练的原则

（一）竞技需要与区别对待相结合的原则

在比赛中获胜或取得好成绩是竞技体育的目的，竞技运动训练是围绕比赛计划而展开的，是运动员顺利参赛及在比赛中取得好成绩的必经过程。所以运动训练中的所有安排都要为比赛而

[①] 胡亦海.竞技运动训练理论与方法[M].北京：人民体育出版社，2014：78.

服务。同时,不同类型的体育项目有不同的技能需求和专项特征,不同运动员的身体素质和训练水平也不同,因此要区别对待,把握好不同项目和不同运动员的特点与规律,有针对性地制订训练计划,开展训练工作。

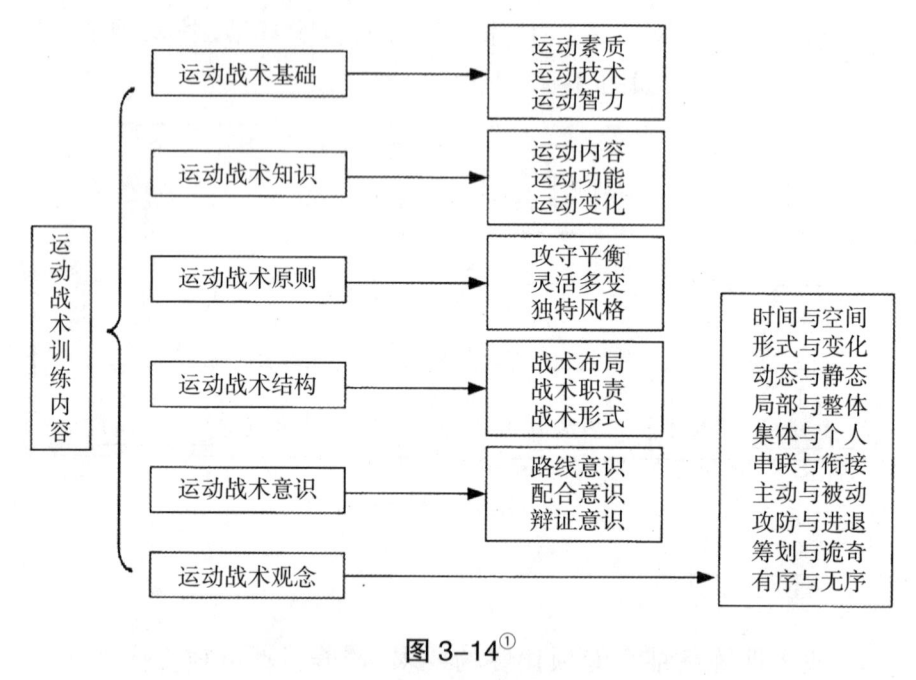

```
                    ┌─ 运动战术基础 ──→ 运动素质/运动技术/运动智力
                    │
                    ├─ 运动战术知识 ──→ 运动内容/运动功能/运动变化
                    │                                              ┌─ 时间与空间
  运动战术            ├─ 运动战术原则 ──→ 攻守平衡/灵活多变/独特风格    │  形式与变化
  训练内容 ─┤                                                       │  动态与静态
                    ├─ 运动战术结构 ──→ 战术布局/战术职责/战术形式 ──→ │  局部与整体
                    │                                              │  集体与个人
                    ├─ 运动战术意识 ──→ 路线意识/配合意识/辩证意识    │  串联与衔接
                    │                                              │  主动与被动
                    └─ 运动战术观念 ─────────────────────────────→  │  攻防与进退
                                                                   │  筹划与诡奇
                                                                   └─ 有序与无序
```

图 3-14[①]

(二)导向激励与健康保障相结合的原则

导向激励与健康保障相结合的训练原则在鼓励与健康之间建立起了密切关系,从而更加有张有弛地适度把握运动员的训练过程。每完成一个阶段的训练,进入更高层次的训练之前,都要先确立高层次的训练目标,为运动员的高水平训练提供方向和动力。对运动员的激励要从物质和精神两个层面展开。其中尤其不能忽视精神激励的重要性。这是点燃运动员斗志、给运动员提供心理支撑的重要手段。在精神激励方面,要注重培养运动员的内在动机,激发其精神动机,使其合理心理需求得到充分满足,安

---

① 胡亦海.竞技运动训练理论与方法[M].北京:人民体育出版社,2014:79.

排与运动员训练水平相适应的训练方法和难度,同时还要加强对运动员的精神教育,强化运动员的主人翁意识和归属感,提高其自觉训练的积极性。在激励运动员训练的过程中必须时刻关注运动员的健康,充分保障运动员的体质健康,防止运动员运动能力的提高是建立在牺牲健康基础上的这一训练怪象发生。

(三)系统持续与周期安排相结合的原则

运动员训练成绩和运动水平的提高,需要经过持续性、阶段性的训练才能实现。要逐步提高训练水平,不可直接进行大强度的运动训练。一个运动员要想达到理想的成绩,要经过长年的艰苦训练,保持良好的连续性。与此同时,根据人体的生理适应变化,要进行周期性的运动训练,安排好一个周期的运动训练过程,使人体机能逐渐发生改变。经过长期的阶段性练习才能使身体各器官或组织建立起联系,从而承受高强度的负荷。

(四)适宜负荷与适时恢复相结合的原则

运动训练尤其是强度训练会改变运动员身体各个器官的适应能力。如果训练强度达不到比赛水平或达不到符合运动员身体水平的适宜强度,就不能实现预期目标;如果训练强度过大,就会使身体受伤,同样不能达到预期目标。只有找到不同阶段的适宜训练负荷的节点,才能有效提高运动水平。需要注意的是,运动负荷包括定性与定量两部分。在运动训练中只有对负荷定性后,才能做定量处理(图 3-15)。

在运动训练中也要注意合理安排休息时间,避免过度疲劳,使运动员的身心在良好状态下投入到训练中。

五、运动训练的方法

(一)完整训练法

完整训练法是教练员指导运动员练习完整技术动作的训练

方法。一般在单一技术训练和集体战术训练中都可采用这种训练方法。从运动训练实践来看,运用这一训练法一定要对动作的完整性予以强调,要理解完整动作训练中各训练环节的内在联系,将各环节有机结合起来。对于一些较为复杂的运动项目,尤其是更适合进行分解教学与训练的项目,如太极拳、游泳等,则不宜运用完整训练法进行训练。

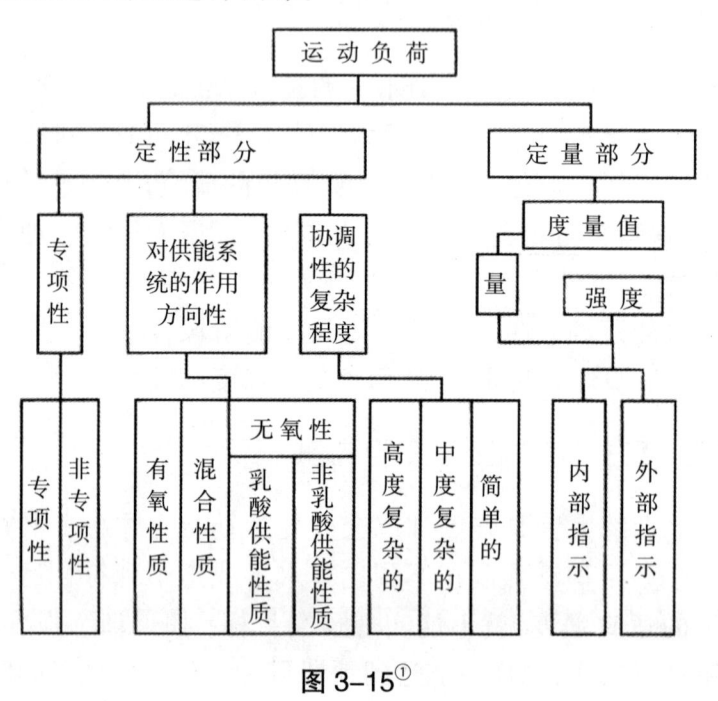

图 3-15[①]

(二)分解训练法

将完整的一套动作按照一定的结构与逻辑合理划分成若干部分,然后逐一训练的方法就是分解训练法。采用这种训练方法可以降低训练难度,使运动员接受和学习起来更容易一些,先掌握一个个单独的动作,最后掌握一整套动作。分解训练可以使运动员更清楚哪些动作是重点,哪些是难点,哪些容易出错,并清晰地知道容易被忽视的动作细节,从而强化重难点和细节练习,并

---

① 宋继新.竞技教育学[M].北京:人民体育出版社,2003:104.

避免在易犯错误的动作中犯错,可有效提高训练效果。

(三)重复训练法

重复训练法是反复多次进行相同练习的方法,重复训练中场地器材、动作结构、运动负荷基本没有变化。重复训练的意义在于教练员容易发现运动员的问题,帮助运动员及时改正错误,提高动作质量。另外一个非常明显的意义在于使运动员的技术更加熟练地呈现出来,并培养运动员的毅力、耐力和环境适应能力。重复训练法包括三种具体的方式,分别是单一重复训练法、连续重复训练法和间歇重复训练法,在训练中根据运动员的需要和运动水平选择适宜的方式进行重复训练,以达到巩固与提高的效果。

(四)比赛训练法

运用比赛训练法主要是训练运动员的心理和综合素质,目的在于提高运动员适应比赛环境的能力,使其能够以丰富的运动技巧和实战经验应对复杂激烈的对抗氛围,充分发挥自己的实力,取得好的比赛成绩。

比赛训练能够增强运动员的自信心,使运动员调整身心,充分进入良好的比赛状态。赛练结合是现代运动训练的一个重要发展趋势,在日常训练中采取比赛的形式进行对抗性训练,有助于激发运动员的挑战意识和竞争积极性,使其在接近比赛条件的对抗中充分提升和发挥自己的竞技能力。

第三节 体育教育学理论

一、体育教育的概念

体育教育是指在人类社会发展过程中,根据生产和生活的需要,遵循人体的生长发育规律,以身体练习为基本手段,以增强体质,促进身心全面发展为目的而进行的一种有意识、有目的的身体教育过程。①

体育教育是一个庞大的系统,包括普通体育教育和专门体育教育两大类,各自又包含不同类型的体育教育。我们平时所说的体育教育多指学校体育教育,其属于普通体育教育的范畴,如图3-16所示。

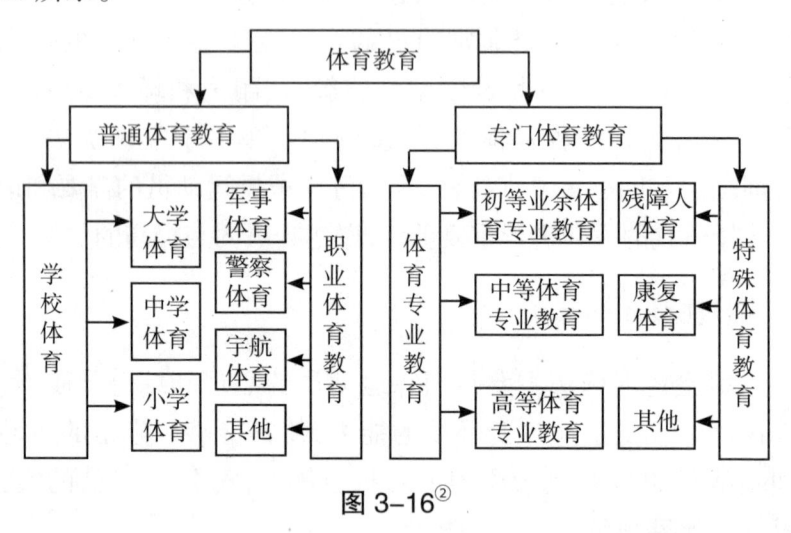

图 3-16②

二、体育教育的原则

(一)直观性原则

利用直观方式进行教学,以对学生的积极思维与实践积极性起到启发作用的原则就是直观性教学原则。体育教学本身就具有直观性特点,所以适合采用直观的教学方式,如示范、录像、挂图等,这些方式能够刺激学生的视听器官,使其通过看和听,再结合自己的思考与心理活动,从而对教学内容有基本的了解,如对动作结构、动作路线及动作方向有所了解,直观教学方式首先给学生带来的是感性的思考,然后学生在感性思考的基础上进行理

---

① 郭磊.体育教育的新视野[M].长春:吉林大学出版社,2015:52.
② 同上.

性分析判断,从而逐渐掌握教学内容。

初步采用直观教学法进行教学时,教师要对所教动作的主要结构及关键环节进行强调,并指明哪些动作是重点,哪些动作是难点,它们在动作结构中居于什么样的地位,有什么样的作用,和其他动作有什么样的关系等,使学生树立整体观,既掌握了整个动作,又能准确把握重难点内容。

体育实践教学中,经过初步掌握这一教学阶段,接着进入改进与提高教学阶段,这一阶段要引导学生从自身实际情况出发进行高水平高层次的练习,而不再是机械性地简单模仿教师的动作。结合实际是这一阶段必须强调的一个前提,如果脱离实际进行训练,则不仅学习效果差,还可能损害身心健康。

在体育直观教学的过程中,采用直观教学手段是前提,启发学生积极思考是核心,引导学生参与实践是关键,三者之间关系密切,充分衔接,可有效提高直观教学方法的运用效果。

（二）智体合一原则

体育教育中要坚持智体合一的教育原则,也就是在教学中将思维与实践操作结合起来。体育教育和其他学科教育在本质上是有区别的。其他学科教学中,学生主要依靠大脑思维对知识予以掌握,而体育教育则不同。在传统体育教育中,一味强调通过增强学生体能来使其掌握运动技能,而对智能的重要性没有给予重视,所以没有将智能教育融入体育教育中,导致学生对运动技术的原理、内涵缺乏深刻认识与理解,这直接影响了学生自主学习与训练的积极性,影响了其在实践中对所学运动技能的运用与发挥。智体合一的教学原则打开了体育教育的新世界,为体育教育改革指明了方向,使体育学生从"体能型"向"体能、智能结合型"转变。

在体育教学的初始阶段贯彻智体合一原则,要求体育教师对动作要领进行精讲,同时要让学生知道所学动作的重要性及该技术动作在国内外的发展水平。这样学生在新技术的学练中就会树立一种全新的技术观与价值观,而且学习动机也会增强,学习效果也会得到提升。

在体育教学的巩固与提高阶段,指导学生进行穿插练习,并对动作原理、动作细节进行解释与强调,使学生对所学动作的理解更全面、深入,并引导学生充分感受在练习过程中身心发生的变化,在学生进入自动化阶段后鼓励学生适当创新,找到适合自己的创造性的学习与练习方式。

(三)掌握结构与培养能力相结合原则

在体育教育中贯彻掌握结构与培养能力相结合的教学原则,使学生对体育知识与技能予以掌握,充实学生的知识结构与技能结构,并在此基础上培养学生的实践能力。

体育知识技能的整体结构一般由基本定义和规律组成。体育教师在设计教案或训练规划之前,必须对教学内容的整体结构有一定的掌握,这样在教学规划设计中才能做到统筹安排,合理布局,突出重点,逻辑清晰,从而为学生系统地、有条理地学习体育知识和技能以及掌握完整知识技能结构提供正确引导。

在信息社会,对信息的快速获取与准确处理是每个人都应该具备的能力。如果缺乏这方面的能力,那么要适应信息更新迅速的复杂现代社会则会有一定的难度。在体育教育中如果不注重培养学生这方面的能力,那么就会制约学生向高体能、高智能的体育专业方向发展。传统"填鸭式"体育教学模式不注重对学生自主获取知识和探索知识的能力进行培养,进而影响了其社会适应能力的提高。新时期体育教育中必须重视对学生自我学习能力的培养。

具体来说,在体育教育中贯彻掌握结构与培养能力相结合的原则需要注意以下几点。

1. 掌握知识结构

体育教师首先自己要对体育学科知识结构的掌握达到精通的程度,对体育理论知识体系中各部分知识之间和运动技能体系中各技能之间的内在联系有准确深入的理解，然后在教学中引导学生对完整的知识结构和动作结构予以掌握，再细化动作，使学生将动作细节掌握好，从而提高教学效果。

2. 培养实践能力

学生的自学能力很重要，在体育教育中教师不仅要手把手教学生体育知识和运动技能，还要启发学生的思维，鼓励学生自学、自练，鼓励学生之间协同起来组织简易体育赛事，并引导学生自主探索创新性的学习方法和练习方法，培养学生的探索意识、探索能力以及创造性，这有助于促进学生的全面成长与发展。

3. 掌握知识结构和培养实践能力的关系

知识和能力之间存在着密切的关系，主要表现为相互作用，相辅相成，一定条件下相互转化。培养不同的能力对知识结构的要求不一样。在体育教育中要先使学生对体育知识结构熟练掌握，然后在此基础上对其运动能力和其他方面的实践能力进行培养，而在培养能力的过程中又能使学生进一步巩固知识，并使所学知识在实践中真正发挥作用。

（四）精益求精原则

在体育教育中，当学生对基本的技术动作有所掌握后，通过再加工使学生对技术动作从初步掌握发展到牢固掌握、稳定掌握甚至超前掌握，也就是使学生将教学内容掌握得更牢固、更精确，这就是精益求精的教学原则。很多竞技体育人才当竞技能力和运动成绩达到一定的高度后，要再有新的突破就很难了，这时就需要对已经掌握的技术动作进行"深加工"式的改造与处理。对那些大强度运动项目的专项运动员来说，因为技术动作难且复杂，再加上要在短时间内完成高超的技术，所以必须依靠"深加工"来取得新的突破，达到运动专项对运动员提出的高度稳定性和高度精确性要求，从而在激烈的比赛中占领优势，取得好成绩。

运动员对动作技术的掌握要达到精益求精,这对其获取比赛胜利具有重要意义。体育教育中培养竞技体育后备人才也要注重精益求精,从而为国家输送优秀的体育人才,为其将来发展成为优秀运动员奠定基础。

在体育教育中贯彻精益求精原则需要注意以下几个要点。

1. 重视细节教学

现阶段,我国很多体育教师和体育教练员在体育教育与训练中不重视对动作技术的深加工与精加工。差不多就行的思想严重制约了体育教育和训练质量,影响了体育人才的培养与提升。对此,必须改变这种错误思想,贯彻精益求精的原则,在教学与训练中重视细节,强调每一处容易出错的地方,使学生对动作技术的掌握既准又精。

2. 提高技术稳定性

一场体育比赛中,如果双方实力相差不大,那么决定比赛结果的因素主要就是双方的心理素质和技术的稳定性了,因此在体育教育中必须重视提高学生掌握技术动作的稳定性,采取一些辅助性的教学与训练手段来强化稳定性,指导学生不断重复练习来达到稳定与巩固的效果,这样可以避免学生学过就忘。

3. 与实战结合

日常学习与练习是熟练稳定地掌握技术动作的必要手段,而要强化这种学习效果,就要与实战结合起来,组织教学比赛,使学生通过参与实战来达到学以致用的目的。

三、体育教育的执行过程

(一)确立体育教育目标

体育教育目标主要表现在以下几方面。

(1)增强学生体质,促进学生健康。
(2)使学生熟练掌握和应用体育与健康知识和运动技能。
(3)培养学生的体育兴趣爱好和运动习惯。
(4)培养学生的良好心理品质,提高其人际交往能力。
(5)培养学生对个人健康和群体健康的责任感,促进其形成健康的生活方式。
(6)提高学生的运动技术水平。

(二)精选体育教学内容

我国学校体育教育中主要是对以下内容展开教学。
(1)基本的身体活动动作。
(2)基本的运动技术。
(3)体育锻炼原理与方法。
(4)体育道德与礼仪知识。
(5)体育文化与保健知识。

(三)优选体育教学方法

体育教学方法非常丰富,如图3-17所示。
在体育教育中要注意对体育教学方法的合理选择和优化组合运用,在选择和优化中要考虑以下几个条件。
(1)根据体育课的目的与任务来选择。
(2)根据学生的实际情况来选择。
(3)根据体育教学内容的特点来选择。
(4)根据体育教育方法的功能、适用范围及使用条件来选择。
(5)根据教师的教学能力和学生的学习能力来选择。
(6)根据教学时间和进度安排来选择。

(四)落实体育教学评价

体育教学评价是对体育教学过程、教学结果的价值判断,可评价教学过程中教和学的各个方面,包括对体育教师教学的价值判断和对学生学习的价值判断,评价方式有自评、互评、他评以及定性评价、定量评价等几种。具体评价内容见表3-2。

```
体育教学方法体系
├─ 理论教学方法体系（体育健康知识和运动技术）：讲解法、谈话法、问答法、讨论法、比较法、归纳法等
├─ 运动技术教学方法体系
│   ├─ 泛化阶段教学法：情景置疑法、启发法、发现法、直观法、示范法、多媒体法、模拟法、辅助练习法、暗示法、比较法、分解法、预防错误动作法
│   ├─ 提高阶段教学法：纠正错误法、部分完整练习法等
│   └─ 技能巩固阶段教学法：重复练习法、变换条件法、完整练习法、自练法、过渡练习法、强化法、比赛法、循环练习法等
├─ 发展学生体能方法体系：负重法、持续法、间歇法、游戏法、综合法、比赛法
├─ 激励与评价运动参与方法体系
│   ├─ 激励法
│   │   ├─ 兴趣激励法：成功教学法、愉快教学法、需要满足法、教学引趣法等
│   │   └─ 动机激励法：目标设置法、创新情境法、积极反馈法、归因教育法、价值寻求法等
│   ├─ 教育法：说服法、鼓励法、榜样法、评比法、表扬法、批评法等
│   └─ 评价法：积极评价法、鼓励评价法、对比评价法、信息反馈法、自我评价法等
└─ 发展学生心理方法体系（包括社会适应能力）：个别与集体指导法、个性培养法、自学法、自练法、差别教学法、分组轮换法、合作学习法、分层教学法等
```

图 3-17[①]

---

① 李启迪,邵伟德.体育教学基本理论研究[M].北京:北京师范大学出版社,2014:56.

第三章 新时代我国篮球后备人才体系之理论建构

表 3-2 体育教学评价的内容

评价类型	评价内容
对体育教师教学工作的评价	教学目标
	教学内容
	教学方法
	教学基本功
	教学艺术
	教学技巧
	教学效果
对学生体育学习的评价	学习态度
	学习过程
	日常学习表现
	个性心理品质
	体育考试成绩

第四章 新时代我国篮球后备人才选拔体系的构建

篮球后备人才的培养与发展,与其选拔体系有着非常密切的关系。篮球后备人才就是在不断的培养与选拔中发展起来的,因此,对于我国篮球后备人才的培养来说,人才选拔体系的构建也至关重要。本章首先对篮球后备人才选拔的理论依据、原则与方法、组织与管理进行了阐述,在此基础上,对篮球后备人才选拔指标体系的建设进行了分析,由此,能对新时代我国篮球后备人才选拔体系的构建有一个全面且深入的了解与认识,为篮球后备人才的培养与发展创造有利条件。

第一节 篮球后备人才选拔的理论依据

优秀的运动员和后备人才都是经过人才的选拔这一过程来实现的,因此,必要且科学的理论依据是不可或缺的重要前提,否则,就是空想。

一般的,篮球后备人才选拔的理论依据大致有以下几点。

一、专项运动特点及优秀运动员的模式特征

这里所说的"优秀运动员的模式特征"是指从客观的角度上,来科学描述高水平的优秀运动员在最高竞技状态时,各主要竞技

能力因素状态模型。

对于一名运动员来说,其竞技能力水平的高低,取决于多种因素,比如,运动员自身的客观条件,像身体形态、运动机能、身体素质、心理素质以及智能水平等;还有一些是通过后天的不断学习、训练所获得的运动能力,像不同项目的技术、战术等。通常,一名优秀的运动员,其不仅具有良好的运动成绩,还表现出较为显著的综合素质,这种综合性的素质是这几个方面有机组合的成果。

二、现代科学技术的发展

篮球后备人才选拔的实施,是在科学技术与生物科学的基础之上进行的,并且随着科学技术与生物科学的发展而发展。

现代科学技术的发展日新月异,并且所应用的领域越来越广泛,除了政治、经济、军事以及医学、生物学等之外,体育也是现代科学技术应用的重要领域之一,比如,血液成分的化验手段;电子计算机及现代科学仪器监测等的应用,这些都为篮球后备人才的选拔提供了重要的理论依据和技术支持,大大推动了我国篮球后备人才选拔的实效性。

三、国家的重视和运动员、教练员长期的实践经验

对于所有的体育强国来说,运动后备人才选拔都是国家关注的重点,重视程度可见一斑。这同样适用于我国篮球后备人才的选拔。经过广大教练员、运动员的长期实践和人才选拔研究人员的共同努力,篮球后备人才选拔方面的经验已经越来越丰富,这对于篮球后备人才的发展是非常有利的。通过对这些成功经验和失败教训的不断总结和提炼,使得篮球后备人才选拔的理论和方法的科学化程度不断提升,研究的深入程度和具体程度也有所提高。

第二节　篮球后备人才选拔的原则与方法

一、篮球后备人才选拔的原则

科学的原则,能够为篮球后备人才的选拔指引方向,保证人才选拔的合理性、客观性和实效性。具体来说,篮球后备人才选拔应遵循的原则有以下几点。

(一)广泛性原则

对于所有的运动人才选拔来说,后备人才的选拔都是至关重要的,因为,青少年运动员是后备人才的主要来源,这是优秀人才的重要基地,能有效保证人才选拔的质量。

我国地大物博,人才济济,这就为我国篮球后备人才选拔准备了得天独厚的先天条件。为了保证人才选拔范围的广泛性,一定要将各种途径和方法充分利用起来,对各地区、各民族的人进行调查和测试,从而达到尽可能不放过一个人才的目的。

如果在篮球后备人才的选拔过程中,遇到设备条件不足的情况,那么就需要进行重点测试,这是非常有必要的,所针对的对象则是经验选拔或比赛选拔出来的篮球运动员。

如果是在篮球后备人才选拔的初级阶段,一定要高度重视广泛普查,在此基础上,才能在初、中、高级人才选拔阶段进行重点测试。为贯彻好这一原则,普及选材科学知识是非常重要的。科学的篮球后备人才选拔,并不只是科研所方面的事,而是整个体育界的工作。只有使更多的体育工作者掌握了科学的人才选拔理论与方法,才可能将更多更优秀的后备人才挖掘出来,才能为篮球事业的发展创造更有利的条件。

第四章 新时代我国篮球后备人才选拔体系的构建

（二）实效性原则

科学地进行篮球后备人才选拔，其主要目的就在于将那些适合篮球运动的优秀人才选拔出来，以此为出发点，来选用合理的人才选拔方法、手段及内容，通过细致的多方面的测试预测以及多年的跟踪观察和最终实践验证，来将那些适合篮球运动的人才选拔内容、方法手段确定下来，同时，这样还能更加正确、恰当地反映早期篮球后备人才选拔的各因素指标和要求。比如，身高。

简言之，在篮球后备人才选拔过程中遵循有效性原则，实际上就是要做到保证人才选拔的内容、方法手段、指标体系能对篮球运动的主要影响因素具有针对性和有效性。

（三）可靠性原则

可靠性原则，就是指在篮球后备人才的选拔过程中，要保证所用到的测试器具、测试方法保持统一性和规范性，同时，还要使测试结果的评价和预测的客观性和准确性得到保证。

在篮球后备人才选拔过程中贯彻和遵循可靠性原则，需要做到以下几点要求。

（1）在篮球后备人才选拔开始之前，首先要明确人才选拔所用到的测量器具、指标、测量部位和测量方法，将标准要求统一明确下来，从而保证测量数据结果的客观性、可比性。

（2）篮球后备人才选拔的测量结果，并不是凭单次测量就能确定的，要运用相同的测量手段进行多次测量，并且依据结果的相同程度来对依据价值进行客观判断。

（3）在篮球后备人才选拔的测试阶段结束之后，需要对测试出的数据进行客观评价，因此，这部分要求严禁以主观意愿进行判断，尤其是有些不易明确测量的因素，一定要保证评价的客观性、正确性，科学依据是可靠的。

（4）在对篮球后备人才的能力、应达到的水平等的预测一定要保证准确性和可靠性。

由于篮球后备人才是不断成长的,篮球运动本身也是不断发展的,因此,篮球后备人才选拔所用到的方法、手段以及涉及的内容也要随之发生变化,但是,不管如何变化,都要保证可靠性原则,这在篮球后备人才选拔的各个阶段都是十分重要的。

(四)因人因项制宜原则

在篮球后备人才选拔过程中,要以篮球专项要求和青少年运动员的个性特点的不同为依据,来有针对性地将测试内容、选择方法手段、指标制定要求、预测方向、人选对象确定下来,这就是所谓的因人因项制宜原则。

篮球运动中,影响运动员运动成绩的主导因素为身高、弹跳能力、耐力、运动能力、心理素质等方面,因此,在进行篮球后备人才选拔过程中,要在具体测试的要求及方法上有一定的针对性。在进行篮球后备人才选拔时,首先要将这些对篮球运动成绩起到决定性作用的主导因素确定下来,再采取最适宜的人才选拔方法手段予以测试,并且进行下一步的客观评价和科学预测。

因人制宜所指的则是,在篮球后备人才选拔过程中,要对所要选拔的青少年运动员的性别、年龄、训练年限、个人环境差别和个人条件等进行综合考量,并且对选拔对象的个人特点与篮球运动是否相符进行客观评价和预估。

(五)多因素综合分析原则

一个人运动能力水平的高低,会同时受到先天因素和后天因素的共同影响。在篮球后备人才选拔的初级阶段,要将对篮球后备人才的先天运动能力因素的测评和分析作为关注的重点所在,随着人才选拔层次的不断提高,对篮球后备人才后天运动能力的测评和分析逐渐加大,由此,关注的重点也逐渐转移到了后天因素上。

篮球运动成绩的好坏,取决于很多因素,这众多因素中的一个方面如果存在不足,是会对其运动成绩产生一定影响的,但是,如果其他方面有较突出的地方,则能使篮球后备人才的某些缺陷得到弥补。没有人是十全十美的,因此,要对各种考察和测定所得结果进行深入细致的分析,将那几个对运动成绩产生决定性影响的主要因素把握好即可,通过综合权衡,决定取舍,同时,则可以不必过多重视或者适当忽视那些次要的可变因素。

(六)多方法综合应用原则

在篮球后备人才选拔过程中,对后备人才的某一项或综合运动能力通过多种有效的方法手段来进行测试、评价、预测,这就是所谓的多方法综合应用原则。

对篮球后备人才先天或后天运动能力进行判断可以用到多种方法,再加上相关学科的渗透,就使得篮球后备人才选拔所用到的方法更加丰富多样。目前,篮球后备人才选拔体系还不够完善,所用到的选拔方法通常也仅限于经验法及追溯法等。这里需要强调的是,经验选材是教练员在篮球后备人才选拔实践中获得的感性知识,只要上升到理论,其也会具有重要意义。但是,经验选材不能取代科学选材,因为其时常带有盲目性和个人倾向的片面性。科学选材与经验选材两者应是相辅相成的关系,这样,篮球后备人才最终的选拔效果才会得到优化和提升。

(七)当前测评与预测未来相结合的原则

篮球后备人才选拔,需要通过科学的理论和方法进行测试和评价,然后对其未来的专项运动能力进行准确的预测,这两者都是非常重要的,不可偏废或者忽视任何一方面。

测评,在篮球后备人才选拔的整个过程中,并不是目的,而是手段,是其中的一个小的过程、组成部分,是预测的前提或基础,预测或判断篮球后备人才未来是否能成为优秀的篮球运动员则是最终目的所在,可以说,预测在篮球后备人才的选拔中是处于核心地位的。所选择的指标不仅要与其他要求相适应,还要与可预测性原则及其要求相符。

（八）人才选拔与训练相结合的原则

篮球后备人才选拔本身就是一个持续时间比较长的工作过程，这在短时间内是很难完成的。

通常情况下，层次较低的篮球后备人才选拔和训练的主要目的在于更好地适应更高训练层次（而且是多层次）的篮球后备人才选拔，因此，可以将篮球后备人才选拔这一操作看作是培育人才的一个重要组成部分，其在初级、中级训练的全过程都是贯穿始终的。在训练过程中，能够将其优势充分发挥出来，而对于其不足之处，则要尽可能避免，从而使其与最佳选材模式的差距尽可能缩小，进而达到与更高层次的人才选拔工作相适应的目的。

（九）经济性原则

在篮球后备人才的选拔工作中，要尽量减少费用的支出和人员、时间的投入，从而使科学人才选拔的经济效益得到不断增加，这就是所谓的经济性原则。

（十）可行性原则

在篮球后备人才选拔过程中，要以本地的实际情况为依据，尽可能避免使用那些可行性和可操作性较差的测试指标方法，简易方法和可行性、可操作性较高的选材指标和测评方法才是理想选择。这样才能保证篮球后备人才选拔的可行性。

二、篮球后备人才选拔的方法

（一）篮球后备人才选拔方法的分类

1. 按照选材的基本因素分

按照选材的基本因素，可以将选材方法分为多种，主要涉及遗传、年龄、体型、身体素质、生理机能、生化特征、心理、运动技能

第四章　新时代我国篮球后备人才选拔体系的构建

等方面。

2. 按照选材发展的科技水平分

按照选材发展的科技水平,可以将选材方法分为以下三种。

(1)经验法

经验法,就是指通过借鉴过去选材的成功经验和失败教训,来对目前的篮球后备人才选拔进行科学的评价、预测的方法。

(2)追溯法

追溯法,就是指对篮球后备人才过去(成长过程)的情况进行追溯,并通过借鉴制定选材模式,来进行篮球优秀后备人才选拔的方法。

(3)科技法

科技法,就是指通过采用科学的测评方法手段,通过客观测定的数据或结果来进行篮球后备人才选拔,这一方法讲求客观性,因此,也被称为科学化法。

3. 按照选材工作类别分

依据选材工作类别可分为:运动选材的组织管理法、选材指标筛选法、选材标准确定法、选材指标测试法、选材测试结果评价法、选材结果检验法、选材预测法。

4. 按照选材学科领域分

(1)单学科选材法

这一选材法在选材时,所参照的学科有很多,比如遗传学、形态学、生理学、生化学、医学、心理学、生物力学、运动训练学、社会学、预测学等,这就形成了多种不同的选材方法。除此之外,还有专项选材法、环境选材法等,也都属于单学科选材法的范畴。

(2)多学科综合选材法

通过将多学科综合起来进行选材的方法,也有很多种,比如模式选材法、阶段选材法、多因素选材法、数理统计选材法等。具体要根据实际需求来加以选用。

5. 按照选材层次分

按照选材层次，可以将选材方法分为：初级选材阶段选材方法、中级选材阶段选材方法、高级选材阶段选材方法。

(二)篮球后备人才选拔方法的特点

篮球后备人才选拔方法是篮球后备人才选拔的重要方面，其本身所有的特点与篮球后备人才选拔工作是相适应的。

1. 客观性和可靠性

由于篮球后备人才选拔是针对青少年运动员来进行的，是客观存在的社会现象，这就赋予了选材方法客观性特点。客观性和可靠性特点所针对的是篮球后备人才选拔方法中的测试器具、测试过程、测试结果的评价和预测这些方面提出的要求，要保证这些方面是客观的、正确的、统一的并有可靠的科学依据的。

2. 系统性和层次性

由于运动能力的组成因素具有系统性，相应的，篮球后备人才选拔的方法也具有这一显著特点。这一特点主要从选材层次、选材年龄、选材内容、选材指标、选材标准以及选材的组织管理方法等方面得到体现。

在篮球后备人才选拔的整个系统中，还要对层次进行划分。通常，将篮球后备人才选拔的层次理解为：不同选材类别的高低、前后的顺序位置。一般的，我国篮球后备人才选拔的层次主要有：基础、初级、中级、高级选材四个层次。

3. 多样性和综合性

没有一种选材方法能够单独保证选材的客观性、科学性和可靠性，因此，要想达到这一效果，就需要采用多种选材方法进行综合运用,这是选材的工作需要和发展趋势,这对于篮球后备人才选拔方法也是适用的。通常来说,篮球后备人才选拔所用到的这些选材方法既是互补的,又是可以独立存在的。在选择和运用篮球后备人才选拔方法时,为了保证选拔的效果,需要综合权衡,决定取舍。

（三）常用的篮球后备人才选拔方法

1. 遗传选材法

目前,我国遗传选材法有很多种,主要涉及家族、环境、遗传力、染色体、性别、皮纹、经络、太阳黑子以及双生等各个方面。篮球后备人才选拔用到的则主要有以下这些。

（1）家族选材法

家族选材法,即以对备选家族的调查情况为依据,结合相关影响因素和生长发育规律,来对篮球后备人才的未来发展状况进行预测,最终作出对某个后备人才是取是舍决定所用到的方法。通常,运动才能表现优越的父母的子女(篮球后备人才)所受到的关注会更多。

（2）遗传力选材法

遗传力选材法,即以遗传力为研究对象,与备选对象直系或旁系亲属有关性状相结合,来对篮球后备人才在篮球专项方面的运动能力进行测评和预估的方法。最佳选材指标的优选往往会用到这一方法。

2. 年龄选材法

年龄选材法,即对篮球后备人才的生长发育年龄特征、发育程度等的分析和比对来进行运动选材用到的方法。在篮球后备人才选拔过程中应用这一方法,有两点要求:一是要充分了解人体生长发育和运动素质发展的年龄特征;二是要熟练掌握少年儿童发育程度的鉴别方法。一般的,篮球后备人才的发育程度主要通过骨龄法、齿龄法以及用睾丸和"第二性征"法这些来进行鉴别。

3. 形态选材法

形态选材法，即测量、评定篮球后备人才的体型或未来体型的发展趋势的选材方法。形态选材法通常有两种具体方法，即体型测量法和体型预测法，需要搭配使用。

（1）体型测量法

① 长度测量

测量的内容主要包括：身高、臂长、下肢长、坐高、手长、足长、跟腱长等。直尺或卡尺是常用的测量工具。

② 围度测量

测量的内容有：胸围、臂围、腿围、臀围等。皮尺是测量用到的工具。

③ 宽度测量

测量的内容有：肩宽、手宽、足宽、髂宽等。测径尺是测量用到的工具。

④ 充实度测量

主要通过对肌纤维类型的测量，来对肌肉中红白肌的比例进行准确预测。

（2）体型预测法

体型预测法主要包括身高预测法和体宽预测法这两个方面。

① 身高预测法

就是指通过父母身高来对子女未来的身高进行预测，通过篮球后备人才当前的身高来预测未来其成人后的身高，通过篮球后备人才肢体发育长度来预测其未来身高，通过对篮球后备人才生长发育情况的判断来预测其未来身高。

② 体宽预测法

这一方法是通过计算得出的，计算所用到的数据主要有：不同年龄段的体宽指标占成人体宽的百分比。

第四章 新时代我国篮球后备人才选拔体系的构建

4. 素质选材法

对篮球后备人才身体素质进行测评所用到的指标是要按照篮球的专项特点来确定的。一般的,用到的指标主要有握力、背肌力、引体向上、俯卧撑、纵跳、不同距离跑等。

5. 机能选材法

机能选材法,就是通过对篮球后备人才生理机能的测评来将优秀人才选拔出来所用到的方法。具体要以篮球专项特点为标准,来确定用到的生理机能测评指标。一般的,用到的测评指标有心血管系统和呼吸系统机能。这两种指标的测评方法也各不相同。

6. 生化选材法

生化选材法,就是通过对篮球后备人才生化指标的测评来取舍所选对象用到的选材方法。一般的,血乳酸、无氧阈、血红蛋白、磷酸肌酸等是参照的主要指标。

7. 心理选材法

心理选材法,即从心理素质的角度来进行篮球后备人才选拔用到的方法。心理选材需要对篮球后备人才进行心理能力和个性心理特征方面的测评。其中,前者常用心理测试量表和测试工具来测评;后者则用个性测试量表及运动员专项个性测试量表来测评。

8. 技能选材法

技能选材法,就是通过科学诊断和经验判断的应用,来对篮球后备人才的专项技术和战术能力进行分析和评价,从而将优秀人才选拔出来所用到的方法。

（1）运动技术测评法

运动技术测评法，实际上就是对篮球后备人才的运动技术质量、技术容量、技术效果进行测评所用到的方法。

具体来说，对篮球后备人才的技术能力测评用到的具体方法有询问(问卷)法、观察法、仪器测量法等，根据实际需求选用。

（2）运动战术测评法

运动战术测评法，就是对篮球后备人才战术整体情况的测评用到的方法，其中，测评的内容会涉及战术的意识、理论、质量、数量及效果等方面。

具体来说，对篮球后备人才战术能力进行测评用到的具体方法主要有心理测定法、询问(问卷)法、观察法、仪器分析法等，具体根据实际需求选用。

（四）篮球后备人才选拔方法的科学选择

篮球后备人才选拔能够用到的方法是非常多的，不同选材方法的作用和应用范围也各不相同，因此，为了保证选材的效果，不能随意采用，而应该进行科学的筛选。

在科学选择篮球后备人才选拔的方法时，一定要具备科学的理论基础，并且参照篮球运动对篮球后备人才个人条件的基本要求，与选材的层次、具体目的及任务相结合才能进行。要保证篮球后备人才选拔方法的合理性，需要符合以下几个标准和要求：客观性、可靠性、有效性、经济性、可行性。

第三节 篮球后备人才选拔的组织与管理

一、篮球后备人才选拔的组织管理体系

篮球后备人才选拔的整个过程，可以看作是一项系统性的工

第四章 新时代我国篮球后备人才选拔体系的构建

程,这整个过程中涉及多个层次、多个阶段和多年连续的控制。

选材过程科学与否,会直接关系到选材的结果理想与否,因此,科学地控制选材过程至关重要,要做到这一点,就要严格按照篮球后备人才选拔的客观规律,制定出科学、可行的选材计划,明确方向、目标,并建立良好的指标测试及预测体系,尽可能发挥出所收集的信息的作用,还要做好人、财、物等各个方面的合理调配,将得到的反馈结果及时上报,以此为依据,来使成果推广得到进一步的扩展。

某程度上来说,选材工作的各个方面与推进,都会受到各种因素的影响和制约。比如,如果能构建一套严密的体系,那么,优秀人才的入选会因此而获得相关的便利;如果能够保证管理的科学性与合理性,那么,人才选拔工作的开展也会因此得到一些便利;如果具备完备的组织,那么,不管是对人才选拔规律的科学研究还是深入揭示,都有着积极的影响,同时,也能使优质、高效的优秀人才的选拔效果得到大力保证。

篮球后备人才选拔与运动训练两者是并列发展的关系。因此,要保证选材与训练两者之间形成并列的体制。我国运动选材系统属国家体育总局领导。各级选材系统应隶属于相应一级体育、教育或体育协会组织和管理。成立相应的组织机构,组织多学科人才的选材领导组,确定选材目标,制定选材计划,实施选材方案,总结检查反馈,将优秀的篮球后备人才选拔出来。

多学科人才的选材领导组是各级运动选材系统的最主要的机构,它对优秀篮球后备人才的选拔起着决定性作用。运动选材的决定性因素不仅仅是被选者的条件,选材者的素质及水平也是重要的决定因素之一。对于篮球后备人才来说,其运动选材本身就是一个多因素的分析过程,涉及先天因素和后天影响;也同时涉及生物学方面的因素和社会学方面的影响。篮球后备人才选拔的结构模式图见4-1。随着运动选材研究的发展,篮球后备人才选拔的结构模式也会相应地有所变化。

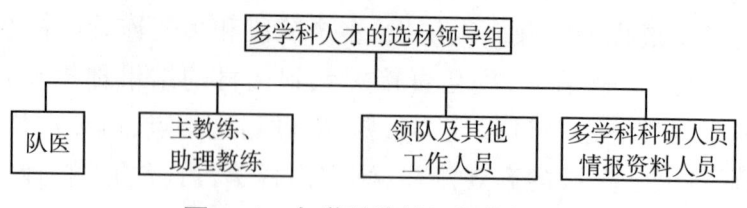

```
           多学科人才的选材领导组
    ┌──────┬──────────┬──────────┬──────────┐
   队医   主教练、    领队及其他    多学科科研人员
         助理教练    工作人员     情报资料人员
```

图 4-1　多学科选材组结构模式

二、篮球后备人才选拔的层次和阶段

由于人才选拔在类别和顺序上都是存在差异性的,因此,这就使得篮球后备人才选拔的层次有所不同,这就是所谓的运动选材的层次;人才选拔过程可以分为几个不同的段落,这就是运动人才选拔的阶段。

对于篮球后备人才选拔来说,在不同的层次、阶段,其人才选拔的任务和要求也是不同的,这种差异性与训练体制的连续性和阶段递进性有着密切关系。

对于篮球后备人才选拔来说,掌握运动选材的层次和阶段,能够从总体上清晰地了解到选材的整个过程,也能将各层次、各阶段选材的特点、任务以及相互间的有机联系明确下来。

运动选材与运动训练与两者所形成的体制是相适应的。通常情况下,我国运动选材的层次主要有基础、初级、中级、高级选材。每个层次有初选、复选、定向、决选四个阶段,其中,中高级层次选材可无定向阶段。

(一)基础与初级选材层次

基础与初级选材是篮球后备人才选拔的基础层次,主要通过测定和评价那些先天的、不可控的、相对稳定的因素,以此来对篮球后备人才运动能力的发展前景进行预估,以此来完成篮球后备人才的初步筛选。

第四章　新时代我国篮球后备人才选拔体系的构建

1. 初选阶段

在篮球后备人才基础与初级选材的初选阶段,要对篮球后备人才的运动能力的天赋条件有所了解,对篮球后备人才进行深入且全面的观测。

2. 复选阶段

在复选阶段,要借助于训练和考查的方式,来充分考察篮球后备人才的天赋条件,同时,还要有效预测和评价其中所涉及的主要因素。在这一阶段,需要重点关注的因素有两个方面:一个是篮球后备人才的发育程度,一个是篮球后备人才的发育高潮期长短。

3. 定向阶段

定向阶段,顾名思义,就是对其未来的发展方向进行明确,这涉及初选和复选两个阶段,具体来说,明确的内容有很多方面,比如,篮球后备人才所表现出来的能力、爱好、兴趣、训练项目编制和教练员状况等。定向阶段,通常对于基础或初级选材层次是较为适用的。

教师和教练员的引导,在这一阶段也是非常重要的。一般的,大多数教练员在篮球后备人才选拔的一开始就从主观上确定了某个篮球后备人才的未来发展方向,这是不科学的,正确的做法是要通过一定时间的教学训练实践后才能将篮球后备人才的未来发展方向确定下来。这时,尽管篮球后备人才的爱好非常重要,但是教练、教师或科研人员的引导也是起到非常关键的影响的。总之定向正确与否会对篮球后备人才的成长成材产生直接影响,一定要加以重视。

4. 决选阶段

这一阶段就是在前三个阶段的基础上,来最终将选拔的篮球后备人才确定下来。此时所选拔的篮球后备人才要符合以下几点要求。

（1）目前已经有较高的成绩水平

通过各种手段来对篮球后备人才在决定成绩的诸因素方面是否拥有足够高的成绩参数进行测定。比如，运动成绩不仅只停留在一般或者合格的标准线上，而是应该达到优秀或超过平常水平；所具备的身体能力必须非常强，并且与篮球运动特点相符；所具有的技术水平和战术能力水平都要比较高；体型与篮球运动专项特点相符；机能适应能力处于较高水平，能保证生理机能好，身体和心理负荷能力强；等等。

（2）成绩提高的速度比较快

在成绩提高的速度方面，篮球后备人才要快于一般人，能较快地进入更高的竞技等级；能以较快的速度发展篮球专项所需要的心理竞技素质。

（3）要具有良好的成绩稳定性和继续提高的能力

篮球后备人才稳定的成绩和持续提升的能力都会对其产生积极的影响。比如，持续提高的运动能力，能使篮球后备人才在保持较好成绩的基础上不断创新纪录。

（二）中级与高级选材层次

中级与高级选材的层次是比较高的，即属于高级层次的范畴，因此，对于篮球后备人才的选拔来说，这一层次的主要任务就是优秀人才的最终选拔。

在中级与高级层次的选拔过程中，要注意其中所涉及内容的比例的调整。还有一点需要强调，篮球后备人才选拔的层次越高，各指标标准就越高，测评考察的细致程度也就越高。

对于上述各个层次的篮球后备人才选拔来说，具体可以从以下两个方面体现出来。

（1）选材层次越低，则对那些先天的、不可控的和相对稳定的因素的重视程度就越高，并且要对这些方面进行测定和评价，

第四章　新时代我国篮球后备人才选拔体系的构建

将篮球后备人才的发育潜力和训练,主要包括技战术、素质、意志等,将接近于优秀或者有优秀潜质的篮球后备人才选拔出来。

(2)选材层次越低,备选的数量就会越大,反之亦然。

三、篮球后备人才选拔的程序

一般来说,运动选材的基本流程对于篮球后备人才的选拔来说,也同样适用。

(一)确定选材目标

对于篮球后备人才选拔来说,其选材目标,就是篮球后备人才及其发展前景,这一选材目标的确定,需要在明确选材的类别和进行现状调查的基础上来进行。

(1)在不同的个体和群体中,组成其运动能力的因素是多方面的,并且这些因素的平均值、最高值及变动范围也会有所不同,这些是需要调查的重要内容。

(2)要对篮球后备人才的专项运动成绩有所了解,并对其未来的发展趋势进行有效预测,首先就要对篮球专项、各层次篮球后备人才的现状进行调查。

综上所述,在确定篮球后备人才选拔的目标时,首先要将篮球后备人才选拔的类别、特定任务以及现状确定下来,因为这些都是重要的依据。

(二)建立选材模式和模型

选材模式,可以理解为篮球后备人才应达到的具体要求和标准。选材模型则是指这种要求或标准的系统描述。

篮球后备人才的选材模型具有非常重要的意义,因此,必须要将科学的人才选拔模式建立起来。为保证所建立的模型是科学的、合理的,需要充分考虑以下几个要素。

（1）篮球运动高水平运动员的模型特征。

（2）以数理统计分析的方式,将对篮球专项成绩产生影响诸因素的指标体系及权重比率确定下来。

（3）形成综合评定体系,建立动态的该级别或各级别选材模型。

（三）制定选材计划

在将篮球后备人才选拔的目标确定下来,选材模型建立起来之后,就要将运动选材计划制定出来。除此之外,篮球后备人才选拔的影响因素和运动队的更新节律等也是重要的影响因素,在制定选材计划时,一定要充分考虑。

（四）实施计划

实施计划,就是将所制定的选材计划付诸实践。在计划实施的过程中,一定要做到步骤清晰,即成立选材机构并明确职责→按照计划规定的步骤测评→反馈、调整和修正人才选拔计划。

（五）进行全面检验

篮球后备人才选拔中的全面检验阶段,就是对所涉及的各个方面都进行检验,涉及篮球后备人才、最佳人才模式、测试内容与指标、选材方法、组织机构、选材的工具以及预测的理论等方面。

四、篮球后备人才选拔计划

一般来说,篮球后备人才选拔计划包含选材对象、测试指标、使用仪器、选材方法、数理统计方法以及验收细则等这些内容。计划的模式并不是统一的,但是,要尽可能做到全面、严密,并且要便于实施和达到预期目的。

第四章　新时代我国篮球后备人才选拔体系的构建

（一）篮球后备人才选拔计划的类别

选材计划依不同的分类依据可分为不同的类别，这里主要对依时间长短区分的计划进行说明。

1. 长期计划

一般是指为期 10 年以上的计划。它主要规定体育部门在比较长的时期内的发展方向、项目设置、队员人数、发展阶段和发展规模，是选材计划的重要形式之一。这种计划常常与体育部门或某个单项的远景规划整合为一体，或成为远景规划中的一部分，受远景规划的制约和管理。

2. 中期计划

一般是指为期 1～5 年的计划或指其行政领导或其主教练任期期间的选材计划，它也常常是任期规划中的一部分。中期计划一般是根据长期计划编制的，是长期计划所规定的战略目标和任务分阶段具体化，又是制定短期计划的基础和依据。它能避免短期计划由于时间太短而带来的局限性，为保证运动项目配置、队员的更新起到重要作用，它可以使体育部门或单项为实施 3 年为期的全国体育竞赛计划、4 年一届的奥运会的准备工作得到改善。其他如选材科研计划、选材管理干部培训计划等，用中期计划的形式也十分适合。

3. 短期计划

一般是指某次选材的工作计划，是长期计划和中期计划的进一步具体化。其内容和指标都比较细致，要求明确，方法具体。如按计划内容区分的体型、运动素质、生理生化、运动心理、技战术能力等选材计划，均可用短期计划的方式进行。

全国选材计划、地方选材计划是按照体育计划的制订和管理范围来划分的，它规定该范围竞技运动的发展方向、奋斗目标、重点和非重点项目的配置、运动员人数的比例、运动选材的方法和步骤等,其部分指标常纳入该范围的体育发展计划。

(二)篮球后备人才选拔计划的内容

根据计划持续时间的长短,可以将篮球后备人才选拔计划分为长期计划和短期计划两种。

1. 长期计划

(1)纲要部分
①当前篮球运动的基本形势、任务。
②编制计划的指导思想、目的。
③要达到的总目标和各项主要目标。
④主要计划的指标确定的依据。
(2)具体内容
①该时期(段)的发展方向。
②项目设置。
③优秀篮球后备人才的人数。
④优秀篮球后备人才的输送程序及审批方式。
⑤优秀篮球后备人才的基本条件及要求。
⑥选材测试的指标体系。
⑦选材组织的机构及其管理。
⑧科学选材的宣传计划、科研计划、干部培训计划。
⑨选材工作的财务管理。
⑩选材仪器、设备等基本建设计划。

2. 短期计划

(1)纲要部分
①本次选材的目的、任务、依据。
②对目前篮球运动队、运动员及后备人才选拔状况的调查分析。

（2）具体内容

①应选项目人数和年龄范围。

②招生（应选区域的）要求。

③选材工作的过程与步骤。

④应选者的主要条件、测试项目、内容、方法和指标，以及需要调查的政治思想品质、作风、学习、生活、家庭情况、参加运动的经历等有关内容。[①]

⑤选材组织机构及工作人员的分工。

⑥报名、测验的时间地点。

⑦审批的手续和办法。

⑧试训的方法。

⑨经费、预算、设备条件。

⑩其他辅助内容等。

第四节　篮球后备人才选拔指标体系的建设

一、篮球后备人才选拔指标体系的主要内容

（一）身体形态指标

随着篮球运动的不断发展，运动员对高空的争夺越来越激烈。因此，那些拥有高大身躯、手臂长的运动员的优势就较为显著了。这也成为篮球后备人才身体形态指标要考虑的重要因素。

1. 身高

身高指标，能够将一个人的身体发育水平反映出来。目前，世界篮球强队的男子平均身高都在 2 米以上，前锋和中锋的身高则要更突出一些。因此，在篮球后备人才选拔过程中，一定要对

---

① 石磊，葛新发.运动选材概论[M].济南：山东人民出版社，2009：47.

备选人才的身高进行准确预估,并以此作为选材的重要依据。

2. 去脂体重

去脂体重,主要将人的生长发育状况和营养状况反映出来。一般情况下,体脂成分越高,人体中肌肉含量越少,这就说明今后肌肉系统潜在发展能力越低。篮球后备人才选拔对去脂体重是非常重视的,确定一个合理的体脂百分比是篮球运动员的初级选材中的一个重要内容。

3. 指距—身高

指距—身高,就是指两臂按水平方向充分伸展时两手手指之间的距离减去身高的数值。一般的,数值越大,说明手臂越长,对用手来控制支配球的篮球运动优势越大。

(二)生理功能与生化指标

篮球训练和比赛过程中,充满了身体对抗和竞争,因此强大的对抗实力是篮球运动员必须具备的重要能力,这就要求其呼吸系统和心血管系统的工作能力必须要很好。

一般的,篮球后备人才选拔过程中,需要考虑的生理功能与生化指标主要有以下几个。

1. 最大摄氧量

最大摄氧量就是人体的呼吸循环等机能在最高水平的时候单位时间内所摄取的最大氧量。通过其数值能够将人体吸进氧、运输氧和利用氧的能力反映出来。篮球是一项有氧与无氧混合型运动,最大摄氧量会对篮球运动员的身体机能水平产生直接影响,因此,在进行篮球后备人才选拔时,要加以考虑。

2. 心率

心率,就是每分钟心脏搏动的次数,是最为常见的指标之一,

第四章 新时代我国篮球后备人才选拔体系的构建

测量难度小。一般的,心率越快,心输出的血量就越多。但是要注意心率过高(超过170～180次/分)。因此,心率的变化情况能反映出篮球后备人才的机能发展状况。

3. 血乳酸

血乳酸在篮球后备人才选拔中是非常重要的一个参考指标,由此,能对训练强度进行很好的控制和调整。需要注意的是,基因遗传、运动强度、运动时间、训练水平等因素都会影响到血乳酸水平,在篮球后备人才选拔中要加以注意。

(三)运动素质指标

对于所有的运动员来说,身体素质都是其重要的基础。可以说,运动员身体素质水平的高低,在很大程度上决定着其专项技能的水平。因为没有一定的身体素质做保证,技战术就难以得到有效的发挥。身体素质是由健康素质和运动素质构成的。运动素质选材的指标既是评定运动员的标准,又是较好的训练方法。[①]

一般的,篮球后备人才运动素质的专项指标有以下几点。

1. 速度素质

速度素质对于篮球运动员来说至关重要,良好的速度素质能加快攻守速度和节奏,在争取主动权方面有一定优势,30米、60米和100米跑是较理想的选择指标。

2. 耐力素质

人的耐力素质好坏,主要取决于人体循环系统、肌肉系统、呼吸系统、神经系统水平这几个因素。篮球后备人才选拔需要考虑的素质指标主要有:800米,1 500米计时跑。

---

① 叶巍.新视角下篮球运动之人才研究[M].长春:吉林大学出版社,2013:58.

3. 力量素质

强大的爆发力量和快速力量是优秀的篮球运动员的必备素质,同时,良好的腰背肌力也是不可或缺的,只有具备这些力量素质,才能保证其完成比赛中大量跑、跳、抢等动作。在篮球后备人才的选拔过程中,可以通过收腹举腿测腹肌力、三级蛙跳测试等方式进行测试。

4. 弹跳素质

弹跳力也是篮球运动员必须具备的重要素质。篮球运动员的弹跳能力会对篮球比赛中的控制权产生直接的影响。弹跳素质与爆发力、无氧代谢能力和全身协调能力之间也有一定的相关性。在篮球后备人才的选拔中,助跑单脚摸高可以用来对其弹跳能力进行测试。

5. 灵敏素质

篮球比赛的对抗性是其显著特点之一,正因为如此,就对篮球运动员的灵敏素质提出了较高要求。因为灵敏素质是各种素质和运动技能在运动中的综合表现。在篮球后备人才的选拔过程中,可以利用十字跳的方式对其灵敏素质加以测量。

(四)心理指标

篮球运动员的心理指标包含的内容比较多,其中,以下三点是较为重要的。

1. 操纵准确度

操纵准确度,就是指运动员用手、臂或脚快速、准确完成任务的能力。对于篮球运动员来说,其近距离投篮、远距离投篮等对操纵准确度都有非常高的要求。

2. 上下肢协调性

上下肢协调性,就是指一个人用手和手、手和脚或脚和脚的协调和配合动作的能力。篮球运动员在做摆脱过人等技术动作时,就要求必须具有非常好的上下肢协调能力,这也是选拔篮球后备人才时要重点考虑的指标之一。

3. 反应时

反应时,就是机体对某个刺激快速做出反应的能力。一般的,反应时的长短能够将运动员的起动反应能力反映出来,如篮球比赛中运动员抢篮板球的能力。

一般来说,不同的篮球后备人才的心理运动能力是有着显著的差异性的,心理运动能力是篮球后备人才选拔的一项非常重要的指标,不要忽视。

(五)智能指标

不同个体的智能水平是不同的,主要原因在于先天遗传以及后天环境的影响,其中,教育的作用尤为显著。

人的智能是通过行为表现反映出来的,行为表现的物质基础是神经系统。神经系统在人体生长发育过程中是最早形成,且最早定型的。在篮球后备人才的选材中,智能这一指标也不容忽视。

二、我国篮球后备人才选拔指标体系的现状

(一)过于强调形态与机能类指标

我国篮球后备人才的选材过于强调形态与机能类指标,其他方面的指标受到忽视,这非常不利于优秀人才的选拔。另外,还发现在篮球后备人才选拔指标的重要性方面,对形态类指标的测试的重要性最为认可,其次是机能类指标;运动技术类和教练员评定类的比例最低,由此可见,这两类指标的测试地位比形态类

指标的测试要弱得多。

（二）指标考核内容相对单薄

总的来看，我国篮球后备人才选拔指标内容是相对单薄的，比如，身体形态类指标主要集中于肩宽、下肢长、坐高；机能类指标缺乏视野指标的考核；素质类指标缺乏助跑摸高、原地摸高等指标；心理类指标缺乏稳定性、综合反应等指标。如此一来，就无法将篮球运动后备人才选拔所需要的特质充分体现出来。

（三）选材指标体系单一、创新不足

目前，我国篮球后备人才选拔指标上的创新是欠缺的，测试指标的年龄跨度较大，在做调整时没有将篮球运动的发展作为重要的参照依据。同时，我国很多地方的篮球后备人才选拔指标的考核主次不分，缺乏明确性，在篮球后备人才某些方面的考核过于宽泛，侧重性不明显，因此加强篮球后备人才选拔指标体系的创新势在必行。

另外，篮球后备人才选拔的科学性和创新与完整的指标体系也是有着密切关系的，只有建立一个科学和完善的选拔指标体系才能选拔出高质量的篮球后备人才。

（四）对客观条件的限制被忽视

在篮球后备人才选拔的过程中，某些时候往往会将客观条件的限制忽略掉，如仪器、设备、测试经费等，篮球后备人才选拔的质量会受到这些因素的影响，因此，就要求在篮球后备人才选拔的过程中，一定要注意这些因素的影响。

三、建设我国篮球后备人才选拔指标体系的措施

对于目前我国篮球后备人才选拔指标体系的内容与发展现状，针对性地提出一些措施及建议，具体如下。

第四章　新时代我国篮球后备人才选拔体系的构建

（一）健全篮球后备人才选材指标体系

我国体育主管部门作为篮球后备人才选拔指标体系的管理者，要以我国的实际情况为依据，尽快将合理的选拔制度制定出来，从而使篮球后备人才的选材工作的顺利进行得到保证。如选材新指标的制定、选材标准的编制、优秀运动员后备人才库的建立等都是非常重要的措施，需要加紧完善。[①]

（二）做好篮球选材者的培训工作

我国体育主管部门一定要做好篮球选材者的培训工作，具体来说，可以定期组织篮球专家讲座，举行篮球座谈会等，以此来将篮球教练员的创新意识和主动学习的意识充分激发出来。另外，将有一定训练实践经验的高校毕业生充实到教练员队伍中，充分挖掘他们的潜力，提高教练员的综合素质与水平，也是一条可行且效果理想的促进篮球教练员素养的路径。另外，建立一个完善的教练员评价体系与奖励机制，对于篮球运动员选材指标体系的建立也是有益的。

（三）建立篮球后备人才档案

1. 建立统一的人事档案

建立一个统一的篮球后备人才人事档案，对于篮球后备人才的发展来说意义重大。[②] 如果教练员对篮球后备人才的个人情况不够了解，那么，就会使组织与开展教学训练活动的难度增加。教练员对篮球后备人才的基本身体素质缺乏了解，那么在制定有效的训练方案方面就会力不从心。因此，这就要求教练员在长期

[①] 李煜. 吉林省青少年篮球运动员选材指标体系的调查与对策研究[D]. 辽宁师范大学, 2012.
[②] 于振峰. 新时期我国竞技篮球项目后备人才培养研究[M]. 北京：北京体育大学出版社, 2012: 45.

的训练过程中注意收集运动员的相关训练资料,建立一个运动员各方面发展的档案,以便长期跟踪管理。

2. 建立电子档案平台

在当今大数据时代,建立篮球后备人才的信息电子档案平台是尤为必要的,这能为后续篮球后备人才的管理起到促进作用。

(四)科学借鉴国外优秀选材指标体系

在大力发展自身的同时,也不能忽视对国外优秀选材指标体系的借鉴。因此,要加强与国际篮球之间的沟通与交流,参考和借鉴先进国家的篮球选材经验;要鼓励篮球后备人才多参加国际篮球比赛,提高队员大赛经验,积极交流,增进与篮球强国之间的联系。只有如此,才能带动篮球后备人才选拔体系的建设,从而制定出科学和完善的篮球后备人才选拔指标体系。

第五章　新时代我国篮球后备人才培养体系的构建

健全成熟的篮球后备人才培养体系是我国培养优秀篮球后备人才，为国家源源不断地输送高水平竞技篮球人才，以推动我国竞技篮球事业可持续发展的重要保证。篮球后备人才培养体系的科学性与先进性直接影响篮球后备人才的培养质量，因此结合时代发展要求而探索我国篮球后备人才培养体系的构建与完善具有重要意义。本章首先分析我国篮球后备人才培养的体制；其次对我国篮球后备人才培养的科学路径进行探讨；再次分析国外构建篮球后备人才培养机制的成功经验及给我国带来的重要启示意义；最后针对新时代我国篮球后备人才培养机制的重构提出新的思路与策略。

第一节　我国篮球后备人才培养的体制

一、我国篮球后备人才培养体制的形成历程

篮球运动在我国是一项较为普及的集体体育项目，这项运动传入我国不久就以良好的态势快速发展，直到今天达到了一个相对较高的竞技水平。新中国成立后我国最早组建的一批国家运动队中就有篮球队，它的组建时间是1951年。国家篮球队的组建形式为后来我国组建其他项目的运动队提供了参照与思路。

20世纪50年代初,我国建立篮球管理机构,旨在促进我国篮球运动竞技水平的提高,并充分发挥篮球比赛在国际交往中的作用。在管理机构成立后,国家级篮球集训队也几乎在同时期成立,各地纷纷组建篮球队,国家和地方出台了一些和篮球发展相关的制度、条例及规划,以普及篮球运动,提高篮球竞技水平,培养优秀的篮球后备人才。

在20世纪五六十年代,篮球比赛成为我国外交的重要形式,依托篮球比赛进行外交有助于增进我国与其他社会主义国家的关系,提高我国在国际上的形象,增强人民群众的凝聚力,树立民族自信。

20世纪50年代中期,为了解决我国竞技篮球后备力量不足的问题,为了给国家队输送优秀的篮球人才,我国借鉴国外培养青少年篮球运动员的先进经验,展开了创办少年业余体校的尝试性工作,国家体委负责这项工作,最先是在北京、上海和天津三个地方创办这类学校,除了创办体校外,我国还鼓励在学校体育教学中设置篮球项目,鼓励各级学校尝试进行篮球队的组建工作,加强学校业余篮球运动训练。这样便出现了我国篮球训练体制的雏形,这个体制由三个层次构成,基层是市、县业余体校和中小学篮球队,中层是省、自治区、市和解放军及各行业专业篮球队,高层是国家篮球队(体训队)。

为保障青少年业余篮球训练和青少年篮球后备人才的培养,我国出台了一些相关规章和条例,如《青少年业余体育学校试行工作条例(草案)》(1964年),该条例对业余体校的教学与训练工作起到了规范性的引导作用,明确指出业余体校要将培养优秀篮球运动员作为办学目标,将基层优秀篮球后备力量及时输送到更高级别的篮球队。随着各地业余体校数量的增加和规模的扩大,业余篮球训练水平也得到了提升,体校篮球队迅速发展起来,地方政府也大力普及与推广篮球运动。各省、自治区、市和解放军及各行业体协不断致力于对一线队伍建设机制的完善,同时也积极建设二、三线队伍。国家队不断规范对竞技篮球人才的选拔与

第五章 新时代我国篮球后备人才培养体系的构建

训练工作,也不断健全与完善篮球竞赛制度。随着各级篮球管理组织的健全、相关制度的出台以及篮球队伍规模的扩大,逐渐形成了从基层单位业余体校、篮球传统项目学校,到重点业余体校、中心业余体校,再到专业篮球队的三级竞技篮球人才培养网络体系[①],该体系反映出我国篮球运动普及面广、衔接紧密的特点。

二、我国篮球后备人才培养体制的改革举措

我国竞技篮球后备人才培养体制形成于计划经济背景下,该体制在促进我国竞技篮球运动发展和推动篮球运动广泛普及方面所发挥的作用可谓举足轻重。20世纪90年代后,世界篮球运动职业化进程明显加快,竞技水平显著提高,欧美篮球的竞技实力在世界上位居前列,而且职业化发展水平也高。对比之下,我国篮球队的竞技实力还不够高,没有取得明显的进步和突破。欧美篮球运动的快速发展使我国在国际篮坛面临重大挑战,但世界篮球运动的良好发展态势对我国而言也是发展篮球运动的好时机。而且在社会转型期,随着我国经济体制的深入改革,社会各行业都要建立新体制来适应市场经济体制,竞技篮球也是如此。计划经济下形成的篮球后备人才培养体制反映出我国在培养竞技篮球人才方面的观念还比较传统,而且体制体系不完善,运行机制不畅通,管理机制不严格。因此迫切需要对旧体制进行改革,建立新体制来适应社会主义市场经济的需求,这也是完善竞技篮球人才培养网络体系,解决篮球后备力量缺乏、促进篮球竞技水平提高以及追赶欧美篮球强国发展步伐的重要路径。1997年,事业型篮球运动管理中心成立,我国篮协的群众性指导职能得到强化,同时,我国的篮球训练与竞赛体制也重新建立,篮球后备人才培养计划被重新制订,新计划具有长期性和系统性。我国在篮球后备人才培养的运行与管理机制方面也采取了一些改革措施,

---

① 唐建倦. 协同与整合——中国竞技篮球后备人才培养机制创新[M]. 广州:华南理工大学出版社,2016:59.

主要表现在以下几个方面。

(一)建设篮球后备人才培养的网络体系,拓宽培养渠道

我国要建设篮球强国,必须从青少年抓起,这是必由之路,但是因为缺乏这个观念,再加上对篮球后备人才培养的本质与规律理解不深刻,导致我国没有充分挖掘与利用篮球后备人才资源。为了对原有的篮球后备人才培养的三级网络体系加以完善,我国于20世纪末期采取了确立篮球城市、创办篮球学校、建设篮球训练基地、在各级学校普及篮球运动、整合资源建设篮球俱乐部、举办篮球夏(冬)令营活动等一系列措施。这些措施促进了我国篮球后备人才选拔与培养范围的增加,提高了培养效率。

(二)进行赛制改革,青少年篮球比赛数量有所增加

我国积极改革篮球比赛体制,增加体育系统与教育系统的青少年篮球比赛数量,通过比赛来选拔与培养优秀的青少年篮球运动员。具体来说,我国在篮球赛事方面采取的改革措施有正常举办不同级别及各个赛区的篮球比赛;各地在教育与体育系统内增加针对青少年篮球运动员举办的篮球比赛的数量;利用社会资源,鼓励社会单位举办多种形式的青少年篮球赛事;举办大学生篮球联赛,等等。这些举措促进了篮球运动在社会上的全面普及,促进了青少年篮球后备人才竞技水平的提高和实战经验的累积。

(三)管理体制更加制度化、规范化

我国在篮球后备人才培养体制的改革中出台了一系列的法规文件来完善管理体制,强化对后备人才管理的制度化与规范化,具有代表性的文件有《全国青少年篮球训练单位和青少年篮球运动员、教练员注册管理办法》《全国青少年篮球竞赛办法》《全国青少年篮球(业余)俱乐部管理办法》等。同时,体育管理机构出台的一些法规条例是关于学校篮球传统项目发展和高校

成立高水平篮球运动队的,这些相关条例是为了配合教育部门对篮球后备人才的培养工作。随着法规文件的相继出台和不断完善,青少年篮球运动得到了规范化的发展,篮球后备人才培养得到了法律保障。

(四)加强管理,提高人才培养的科学水平

我国重新对《全国青少年儿童篮球教学训练大纲》进行了修订,优化了教学训练内容,加大了对考核标准的执行力度,以促进青少年儿童篮球教学与训练效果的提高。我国还强调科学化选材与培养,避免过早对青少年儿童进行专项化篮球训练。在传统"金字塔"篮球后备人才培养模式的基础上对"大厦型"新模式进行探索,以促进人才培养效率和质量的提升。

(五)注重训练与教育的结合

"以人为本""和谐社会""可持续发展""全面协调"等理念对我国培养篮球后备人才具有重要指导意义。我国在篮球后备人才培养体制的改革中,树立这些科学理念,践行与落实"体教结合"培养模式,并在进一步提高培养质量的同时对人才培养的价值取向、目标定位进行修正与调整,从而为后备人才的未来发展打好基础,同时也是为了塑造全面型篮球人才。

(六)构建系统的篮球后备人才培养运行机制

从我国篮球后备人才培养的特点、目的出发,按一定的逻辑与规律将我国篮球后备人才培养的运行机制分为以下五个方面。

(1)动力机制:为运行机制的实施提供动力。
(2)整合机制:协调利益,构成有机整体。
(3)激励机制:激发人才培养主体和培养对象的活力。
(4)控制机制:维系系统秩序,控制系统运行。
(5)保障机制:提供各方面条件来保障系统顺利安全运行。
上述运行机制的内容结构协调、功能耦合、互为补充,共同服务于整个机制的运行目标,如图 5-1 所示。

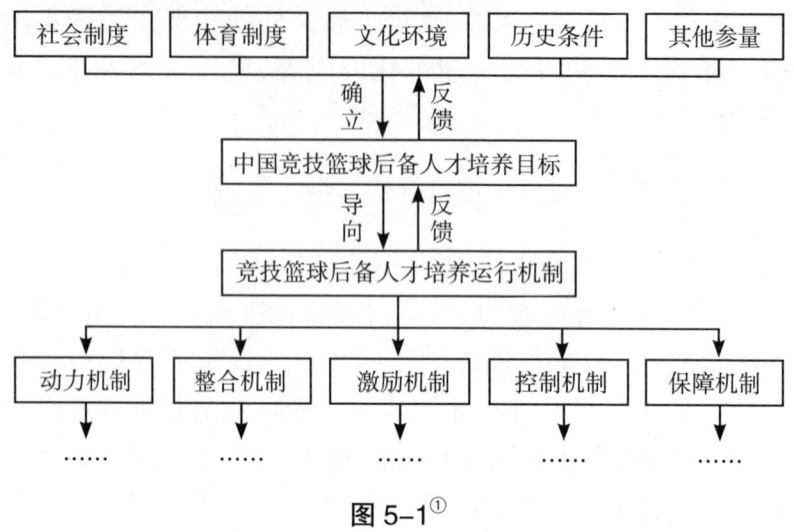

图 5-1[①]

第二节　我国篮球后备人才培养的路径探索

一、重视篮球基地建设

(一)重视基地建设,做好后备人才培养的长远规划

省市青年队、体育俱乐部、体校、传统项目学校等是篮球基地的主要组成单位,基地的主要任务是培养青少年篮球后备人才,向上级部门输送优秀篮球运动员。建设篮球基地对培养篮球后备人才具有重要意义。在响应国家和地方号召,落实政府部门相关政策,顺应市场经济要求的基础上大力建设篮球基地,保证基地人才培养工作有序开展,这是新时代我国培养篮球后备人才的重要路径之一。

篮球基地建设质量直接受政府部门重视程度的影响,对此,

---

① 唐建倦.协同与整合——中国竞技篮球后备人才培养机制创新[M].广州:华南理工大学出版社,2016:69.

第五章 新时代我国篮球后备人才培养体系的构建

国家和地方政府部门尤其是领导部门要提高这方面的重视,并为基地的长远发展制订规划,明确基地建设与发展目标,为基地培养篮球人才提供方向与动力。在基地发展规划的设计中,必须从长远考虑,采取阶段性推进的建设方式,先做好基层工作,稳扎稳打,再逐步开展更高阶段与更高水平的建设与培养工作,从而一步步实现基地发展目标和人才培养目标。

(二)完善学训体制,提高篮球基地的人才输送率

培养与输送优秀的篮球后备人才是建设篮球基地的主要目的,政府部门、运动员及其家长都很重视这个问题。为了更好地实现这个目的,得到政府部门、运动员及广大家长的认可,基地要重视对教育训练体制的改革与完善,为运动员谋划更好的出路,提高人才培养率和输送率,解决后备人才"报国无门"的困境。基地还应做好与体校篮球队或普通高校高水平篮球队的良好衔接,保障篮球后备人才的受教育权,为其全面发展和再就业做好规划。

(三)完善管理模式,提升篮球后备人才的培养质量

篮球基地的办学品质和人才培养质量直接受基地管理模式的影响,只有科学管理,加大管理力度,才能实现基地长远发展的目标。为了完善管理模式,提高管理效率,有必要强调程序化管理的重要性,落实方法如下。

(1)每天按时汇报、公示日工作计划。

(2)教练员按规定、计划开展训练工作。

(3)运动员按相关条例与制度进行日常学习与训练。

(4)经费预算、审核都要按指定程序落实。

(5)严格按照规定使用场地设施,提高维护意识,定期检查,排除安全隐患。

提高篮球基地管理的程序化水平,清楚篮球基地的各项工作,明确职责与任务,有明确的目标,在工作中及时发现与解决问

题,基地所有人员严于律己,共同努力促进基地办学品质及人才培养质量的提升。

(四)完善医务设施,保障篮球后备人才的健康

在篮球基地建设中,医务设施建设也很重要,提高医务条件,能够为后备人才安全训练和参赛提供保障。基地在医务建设中要重视对专业医务组织和医疗团队的配置,基地的医务设施建设在很大程度上直接影响运动员的训练与参赛。只有完备的医务设施才能保障运动员的身体状况。基地在医务设施上要配备专业的医务室和医务人员,定期检查运动员的身体情况,及时发现健康问题,采取科学的医疗手段来解决健康问题,为运动员的健康保驾护航。

二、完善职业篮球俱乐部对后备人才的培养模式

当前,我国篮球后备人才培养模式不再以传统体校培养为主,因为传统体校的教学与训练方式单一,无法满足新时代社会多元化发展和市场经济体制的要求,因此需要结合时代背景探索更加科学的人才培养模式。职业篮球俱乐部人才培养模式符合新时代社会多元发展的要求,也能弥补传统体校人才培养的弊端,因此很受推崇。大力推动职业篮球俱乐部的运营与发展,完善这一培养模式,有助于为我国培养出更多优秀的竞技篮球运动员。

下面为进一步完善职业篮球俱乐部对后备人才的培养模式提出几条建议。

(一)在俱乐部人才培养模式下设置适合的文化课程

为保障职业篮球俱乐部更好地运行,需要加强对青少年篮球运动员文化教育的重视,因此根据篮球俱乐部的特点和人才培养需要来设置文化课程很有必要。职业篮球运动员主要来源于青少年群体,从青少年中选拔篮球人才,将其培养成为职业球员是

很普遍的现象。培养篮球运动员,要抓住青少年身心发展的黄金期,青少年时期也是运动员一生中学习文化知识的黄金期,因此对青少年篮球后备人才进行文化教育刻不容缓。目前来看,职业篮球俱乐部的文化课教育不管是专业素养还是基础知识能力,普遍不及正规学校,这也是俱乐部球员文化素质整体较低的主要原因。所以,要促进篮球俱乐部后备人才培养模式的进一步完善,就应该在俱乐部设置合理的文化课程,研发适合俱乐部球员特征和满足其需求的文化课程,在实践教育中不断完善课程体系,提高文化教育质量。同时还要配备专业的文化课师资队伍,提高球员的文化知识素养,促进球员的全面发展。俱乐部球员的文化学习应与学校教育衔接起来,在学校文化课考试期间安排青少年球员去学校考试,从而解决职业篮球俱乐部青少年球员训练和参赛的后顾之忧,培养全方面发展的青少年篮球人才。

(二)开展大数据人才选拔

对职业篮球俱乐部培养后备人才的模式进行优化与完善,要重视对高质量生源的吸收与吸引,对青少年篮球比赛中的种子选手进行数据选拔是扩大生源和后备人才培养规模的有效方式。这就需要在举办青少年篮球赛事的过程中开展数据采集和整理工作,在主要位置上安排优秀球员的数据,为优秀球员配备专业教师与教练,重点培养和管理。在青少年篮球比赛中关注球员的竞技表现、临场发挥和综合素质,记录重要数据信息,以便在人才选拔与培养中有实质性的参考依据。

职业篮球俱乐部在招生上主要面向高中篮球队,这其实限制了生源,所以要扩大招生范围,面向中小学尤其是传统体育学校招生,然后进行多层次的大规模培养,选拔出更多优秀的人才。此外,深化与细化数据人才选拔方式也能将优秀生源吸引到篮球俱乐部中。随着竞技篮球运动的不断发展,要不断更新篮球人才培养理念,更新篮球教育与训练理念,通过数据采集优选更多有潜力、有天赋、有可塑性的后备力量,科学培养,提高成才率与输送率。

开展大数据选拔可以更加客观、公平地评价被选对象,可以提高篮球后备人才选拔的严谨性和科学性。

(三)加强对职业篮球俱乐部的管理

职业篮球俱乐部本身的发展情况会影响其对篮球后备人才的培养质量,因此必须重视对篮球俱乐部的管理,促进篮球俱乐部的良性运作与可持续发展,从而充分发挥俱乐部培养后备人才的功能。在职业篮球俱乐部管理方面,首先要建立合适的组织管理机构和梯队管理机构,如图 5-2、图 5-3 所示。职业篮球俱乐部应设置必要的职能部门,明确各部门的职责,由球队事务部对运动队进行管理,下设不同级别的教练员组成教练队伍对球队的日常训练进行管理,这个管理模式的主要特点是逐级负责,责任明确。

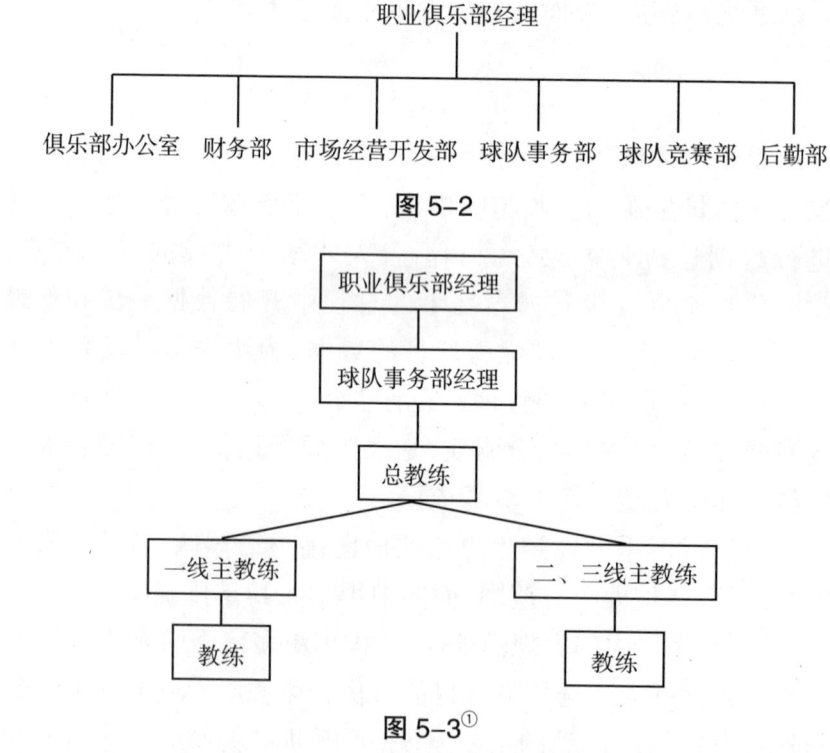

图 5-2

图 5-3[①]

---

① 米战,任海龙.我国职业篮球俱乐部后备队伍现状调查研究[J].西安体育学院学报,2007(04):17-19+28.

在职业篮球俱乐部管理中还应完善相关规章制度,健全管理体系,提高对俱乐部管理的科学性、规范性,如球队训练制度、人才输送制度、奖惩制度等。

第三节 国外篮球后备人才培养机制对我国的启示

一、美国篮球后备人才培养机制分析

(一)组织机制

美国主要是在教育系统中培养篮球人才,因此下面分析美国教育系统的篮球后备人才培养机制。

1. 中学校际体育管理

美国中学校际体育管理模式如图 5-4 所示。

图中所示的组织管理机制较为合理、全面,美国主要是在地方级别管理中学体育,多在教育系统内制定规程、政策。对于州中学体育协会所制定的规章,地方学校无条件承认,并在校内落实。学校董事会是非常重要的教育组织,是经过严格选举而产生的,校区内工作人员经过选举后个别成为董事会成员,董事会的主要职责是确定学区体育项目、制定学校体育发展政策、为学校分配教育资源或体育资源、进行经费预算和分配资金以及对体育部门人员的招聘。

2. 大学校际体育管理

美国的体育管理机构中,大学生体育联合会(NCAA)不管是会员数量、规模,还是职能都是非常突出的,具有大而全的特点,在国内的影响力很大。NCAA 不是政府性质的组织机构,而是社会团体,而且是非营利性的。它在对大学体育赛事运行的管理与

控制中所采取的手段是宏观约束手段,而不是直接或间接的行政干预手段。

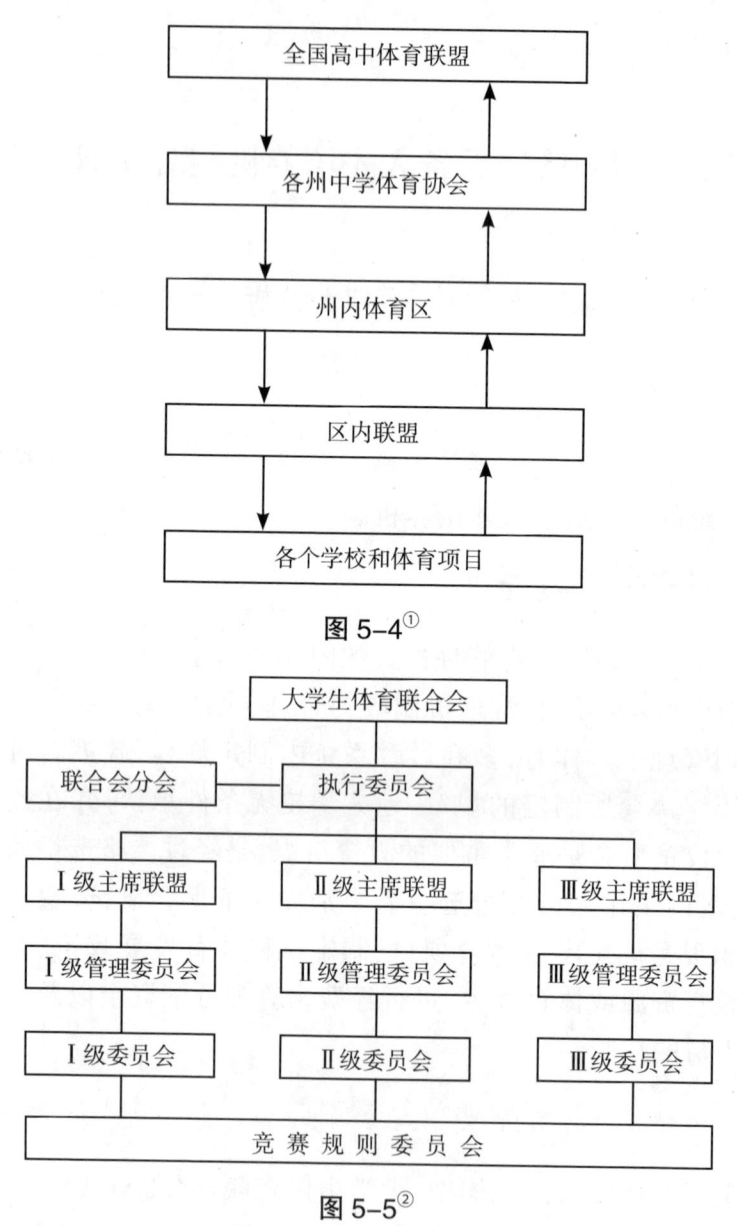

```
       ┌─────────────────┐
       │  全国高中体育联盟  │
       └─────────────────┘
              │    ▲
              ▼    │
       ┌─────────────────┐
       │  各州中学体育协会  │
       └─────────────────┘
              │    ▲
              ▼    │
       ┌─────────────────┐
       │    州内体育区    │
       └─────────────────┘
              │    ▲
              ▼    │
       ┌─────────────────┐
       │     区内联盟     │
       └─────────────────┘
              │    ▲
              ▼    │
       ┌─────────────────┐
       │ 各个学校和体育项目 │
       └─────────────────┘
```

图 5-4[①]

```
                    ┌─────────────┐
                    │ 大学生体育联合会 │
                    └─────────────┘
                           │
         ┌──────────┐    ┌─────────┐
         │ 联合会分会 │────│ 执行委员会 │
         └──────────┘    └─────────┘
                           │
         ┌─────────────────┼─────────────────┐
    ┌──────────┐     ┌──────────┐     ┌──────────┐
    │Ⅰ级主席联盟│     │Ⅱ级主席联盟│     │Ⅲ级主席联盟│
    └──────────┘     └──────────┘     └──────────┘
         │                │                 │
    ┌──────────┐     ┌──────────┐     ┌──────────┐
    │Ⅰ级管理委员会│   │Ⅱ级管理委员会│   │Ⅲ级管理委员会│
    └──────────┘     └──────────┘     └──────────┘
         │                │                 │
    ┌──────────┐     ┌──────────┐     ┌──────────┐
    │ Ⅰ级委员会 │     │ Ⅱ级委员会 │     │ Ⅲ级委员会 │
    └──────────┘     └──────────┘     └──────────┘
         │                │                 │
         └────────────────┼─────────────────┘
                    ┌─────────────┐
                    │ 竞赛规则委员会 │
                    └─────────────┘
```

图 5-5[②]

[①] 唐建倦. 协同与整合——中国竞技篮球后备人才培养机制创新[M]. 广州:华南理工大学出版社,2016:48.
[②] 同上.

第五章 新时代我国篮球后备人才培养体系的构建

NCAA的具体工作由执行委员会负责。执行委员会下设三级协会,每级又分三个层次的结构,各级协会和各层次结构对自己级别内和层次内的事务与工作进行管理。这一组织结构内部还设有分会来管理规则、纪律等各项事宜。总体来说,这一组织管理结构的特点是范围广、分工细、职责清晰,集权与分权相结合,既有统一性,又有灵活性。

健全的学校体育组织管理结构促进了美国中学与高校体育的稳定发展。在美国中小学和大学中,篮球是普遍开展的项目,在健全组织管理结构下学校篮球运动得到了有序发展,学校为国家培养了众多优秀篮球运动员。

(二)激励机制

体育联盟、体育协会以及大学学院是激励的责任主体和管理主体。学校和篮球后备人才都是激励对象。因为校际体育组织机构是社会团体,不具有政府属性,所以政府一般不采取实际性的激励政策,而只是进行宏观层面的调控与管理。采取激励政策主要是为了在不同形式的篮球赛事中取得理想的成绩和名次,并提高学校篮球运动水平和后备人才培养质量。作为学校教育的重要组成部分,体育如果在科研或学术领域取得了好的成果,也可将此作为奖励标准。

在市场经济背景下,NCAA采取给予入会资格、授予会员特权等方式来对学校进行激励,学校主要采取礼品、资助、奖学金等物质手段来激励学生运动员,直接发放相应价值的金额。美国在这方面制定了科学全面的激励标准,联盟、协会严格监督激励政策的落实情况,并在实践中不断修正激励标准,完善激励机制。[①]

---

① 唐建倦.协同与整合——中国竞技篮球后备人才培养机制创新[M].广州:华南理工大学出版社,2016:105.

二、澳大利亚篮球后备人才培养机制分析

澳大利亚建立了一套垂直的、自上至下的竞技体育管理机构,如图5-6所示,这一组织机构在培养优秀竞技体育人才方面发挥了重要作用。澳大利亚在运动员培养方面主要采用政府和社会相结合的模式,尤其是各级政府在培养运动员方面采取了弹性政策,充分利用市场机制培养高水平运动员。澳大利亚高水平运动员的成长途径如图5-7所示。

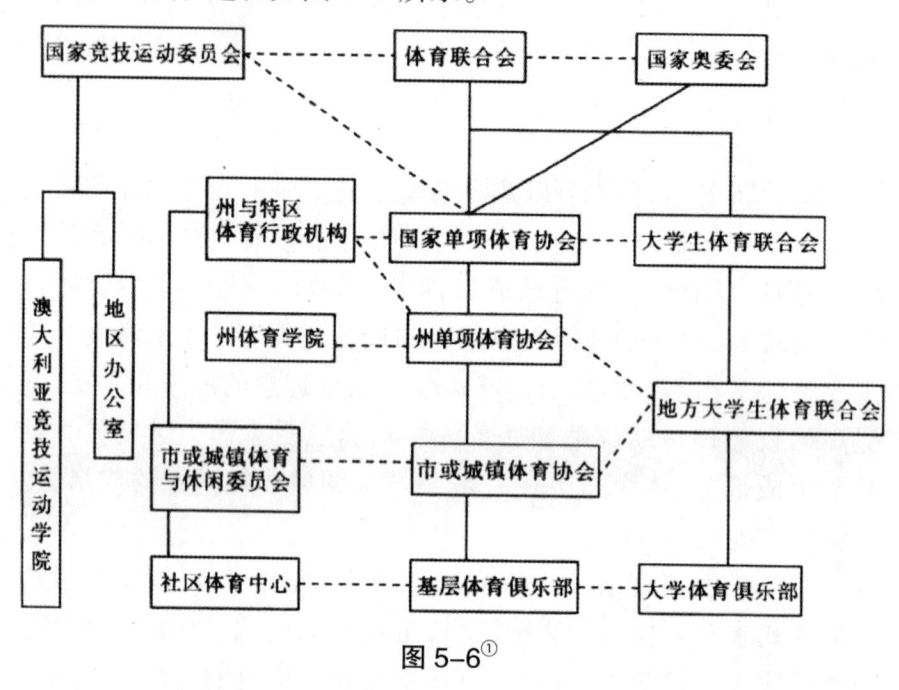

图 5-6[①]

(一)动力机制

从动力机制看,在社区俱乐部从事篮球训练的青少年,其主要动力来自兴趣爱好,来自锻炼身体和身心体验的需要。而在州单项篮球运动协会或州立体校接受训练的青少年,有成为优秀运

---

① 唐建倦.协同与整合——中国竞技篮球后备人才培养机制创新[M].广州:华南理工大学出版社,2016:112.

第五章　新时代我国篮球后备人才培养体系的构建

动员的强烈愿望,自我实现的需要(进入国家队、高水平职业俱乐部、为国争光或成为职业选手)成为主要动力源泉。

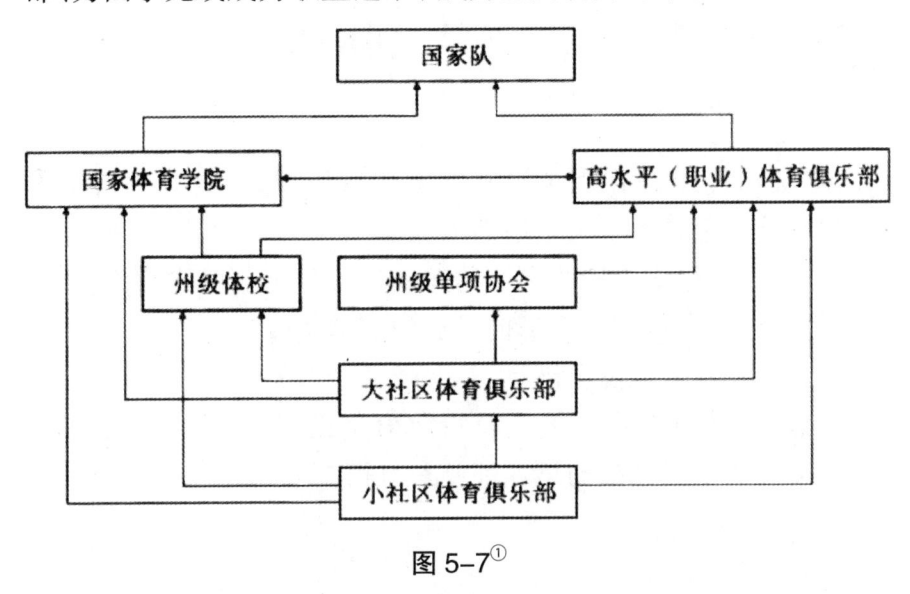

图 5-7[①]

对于培养组织来讲,社区俱乐部作为基层培养组织,主要动力来自生存与发展的需要。因为社区俱乐部都是个人创办的,通过培养、输送优秀人才来维持俱乐部发展是最现实的动力;中层培养组织和高层培养组织因为是国家管理,市场运作,对优秀篮球人才的培养与输送不仅是国家的利益需要,也是协会与俱乐部发展的需要,动力的发生主体主要是国家,而动力的利用主体还包括协会与俱乐部。[②]

(二)整合机制

从整合机制看,社区俱乐部作为基层篮球后备人才培养组织主要是在市场机制下运作的,在基层组织中接受篮球训练的青少年对篮球运动有强烈的兴趣。对于政府在篮球后备人才培养方面所制定的目标,基层组织的认同是自觉且自由的,不会强制其

---

① 唐建倬.协同与整合——中国竞技篮球后备人才培养机制创新[M].广州:华南理工大学出版社,2016:117.
② 同上.

认同。国家宏观管理中层竞技篮球后备人才培养组织，围绕竞技篮球发展目标、人才培养目标对组织管理机构进行设置、对规章制度加以制定，在市场机制下对组织利益进行协调与整合。

（三）激励机制

基层培养组织在市场机制下按照市场规律运作，政府不干预，运动员完全自费参加基层训练。

中层培养组织中接受训练的运动员参与比赛形式的选拔后，一些优秀选手会得到政府部门发放的奖学金或其他资助，激励其训练，鼓励其不断提高自己。

优秀运动员在训练上会获得政府资助，但是上学完全靠自费，运动员的层层选拔与培养都要参与相应考试。

（四）控制机制

澳大利亚的运动员选拔制度具有客观性、公开性、透明性等特征，对于选拔过程中的违规行为给予了严格控制与打击，保证优秀后备力量可以顺利进入高级别的运动队且获得政府的物质激励或奖励。在市场经济背景下，澳大利亚完全按照市场化模式培养篮球后备人才，政府主要发挥宏观调控职能，不会进行干扰，因此，篮球后备人才培养的组织机构以及培养对象自觉规范自身的行为，自律意识极强。

（五）保障机制

澳大利亚在竞技篮球后备人才培养方面涉及的体育设施建设主要由国家和地方政府负责。企业或个人赞助以及后备人才自费是人才培养经费的主要来源。基层和中层组织中的运动员自费参加训练，国家出资赞助的是国家队的运动员或竞技水平高的优秀运动员，这些运动员的学习与训练费用主要由政府负责。澳大利亚青少年运动员因长期训练而落下的文化课程会由专人帮助补习。除了文化学习与训练外，人才培养组织机构还会培训青少年的其他技能,并鼓励和帮助青少年运动员进入高校接受高等教育。

三、国外篮球后备人才培养机制对我国的启示与借鉴意义

国家经济发展模式是根据国情选择的,而国家竞技体育后备人才培养机制的选择主要受到该国经济模式的决定性影响。在市场经济环境下,美国、澳大利亚都构建了适合本国国情和经济模式的竞技篮球后备人才培养机制,在各自机制的良性运行中培养了大量优秀的篮球后备人才,为国家输送了很多优秀篮球运动员。我国正在不断深化改革市场经济体制,在这一背景下建设符合我国正处于社会主义初级阶段这一国情的篮球后备人才培养机制具有重要意义,而美国与澳大利亚的成功经验能够给我国带来重要的借鉴与启示作用,具体表现在以下几方面。

(一)确立正确的人才培养目标

在篮球教育目标结构内确立篮球后备人才培养目标,在人文关怀理念下确立培养目标。美国、澳大利亚在校的青少年学生接受训练,对青少年学生的培养主要具有业余性,将训练置于教育系统中,在不摆脱教育环境的条件下进行训练,对学生文化课学习的管理也不松懈,对学训关系处理妥当,促进学生全面发展。美国中学与高校开展竞技篮球训练,没有提出向上级组织输送篮球人才的培养目标,进行篮球训练主要还是为了让学生有更好的运动体验,是为教育目标服务的。但随着篮球运动商业化、职业化发展水平的提高,美国的竞技篮球后备人才培养机制本身存在的矛盾越来越明显,原因有很多,如美国个性自由、释放自我的文化追求和高度商业化发展形势对其产生了影响,体育培养目标和教育培养目标的差异产生了影响,等等。其中目标差异是最本质的原因。

（二）尊重人才的主体性，围绕主体需要完善动力机制

个体需要是主要动力源泉。青少年喜欢篮球运动，对这项运动有较高的兴趣，这是其参与篮球训练的主要动力。各级人才培养组织的动力既有满足自身发展的需要，也有国家利益的驱动。但动力主体始终都是个体或组织本身，而且他们既是使动力得以产生的主体，也是利用动力、在动力驱使下开展训练工作或接受训练的主体。因此，我国也要充分尊重青少年篮球后备人才的主体性，培养其对篮球运动的兴趣，围绕篮球后备人才来激发动力，提供动力。

（三）注重物质激励，按培养目标完善激励机制

在竞技篮球后备人才培养中，物质激励是非常行之有效的激励手段。美国通过提供社会资助和发放奖学金来激励获得优异运动成绩的运动员，篮球特长生获得这些资金或资助能够解决学费问题。学分奖励这种激励方式在美国是不存在的，美国围绕人才培养目标来选择激励手段，保证激励方向符合人才培养目标，这对我国有非常重要的借鉴意义。

（四）培养组织充分发挥自己的控制作用，实行严格控制

在篮球后备人才培养中，培养组织和培养对象都要通过自律来规范自己的行为，同时人才培养组织也要发挥自己的控制职能，对运动员的行为进行规范与控制。制定法律制度是控制的重要保障，因此我们要制定人才选拔制度、竞赛制度、学训制度等相关制度，控制运动员的学习与训练行为，使其在严密控制中养成良好的学习与训练习惯，成为优秀的全面发展型体育人才。

（五）完善人才培养的保障机制，重视物质保障

为篮球后备人才提供保障要体现公平、公正，并以物质保障为主，高水平运动员是主要保障对象。人才培养中所需的基础设

施建设主要由国家负责,培养过程中涉及的经费、保险由政府、社会及个体共同承担。人才培养组织机构在市场化运作中吸收市场闲散资金来解决人才培养的经费问题,为人才培养工作的顺利开展提供基础保障。

第四节 我国篮球后备人才培养机制重构的思路与对策

一、我国篮球后备人才培养机制重构的思路

在社会转型期构建科学的篮球后备人才培养机制是新时代推动我国篮球事业发展要解决的一个重要问题。建立一种新的运行机制,要考虑与社会发展规律的契合、与社会发展目标的一致性以及是否具备良好的内外条件来支撑新机制的运作。基于这一考虑,我国在构建篮球后备人才培养机制的过程中,必须先充分考察我国体育事业、教育事业在现阶段的发展态势及趋势,在社会现实基础上,结合现状,借鉴国外先进经验来着手机制重构工作,这样可以提高人才培养机制构建的科学性,使新机制能够更快进入良性运作阶段。

在社会主义市场经济环境下,开展体育工作必须遵循市场经济体制的运行规律,体育改革也要保持与市场经济体制改革的一致性。在对竞技体育的深入改革中,适应市场经济是必然选择。我国为发展体育事业出台了一系列体育法规与条例,解读这些法规条例不难看出它们是适应市场经济体制的产物,因此我国建立篮球人才培养机制也应与市场经济体制保持适度适应,这是推动我国竞技篮球可持续发展、培养优秀竞技篮球人才的必然选择。

总之,我们构建篮球后备人才培养机制,必须将市场经济作为原生点,在市场经济体制下着手机制构建、制度落实以及人才培养工作,这是新时代我国科学构建篮球后备人才培养机制的重

要思路和指导思想。

二、我国篮球后备人才培养机制重构的对策

（一）完善篮球后备人才培养机制的内容

1. 动力机制：适度、综合、统一

中国特色的篮球后备人才培养的动力机制应该是一种综合性的动力利用机制，应该包括以下"三个统一"。

（1）内部动力与外部动力的统一

既充分发挥集体与个人的自身内在的自觉动力，又辅之以外部的教育、管理、纪律、法规的约束乃至生存竞争的压力，做到内部动力与外部动力的统一。

（2）物质动力与精神动力的统一

既通过物质利益的驱动，增强人才培养的动力和活力，又高度重视集体与个人的精神状态、精神境界的能动作用，提高人的思想觉悟，做到物质动力与精神动力的统一。

（3）短期动力与长远动力的统一

既注意利用由眼前利益体现的短期动力，又充分挖掘和强调具有根本性、持续性的长远动力，做到短期动力与长远动力的统一。[①]

2. 整合机制：利益协调

利益协调是要通过整合、协调各培养主体利益的不一致性，使之有利于增强根本利益的一致性和有利于发挥各培养主体的能动性、自主性和创造性，推动竞技篮球后备人才培养有序发展。

3. 激励机制：全面灵活

建立良性运行的竞技篮球后备人才培养激励机制最主要的

[①] 唐建倦．协同与整合——中国竞技篮球后备人才培养机制创新[M]．广州：华南理工大学出版社，2016：121．

目的在于激发培养主体的积极性和创造性,引导培养主体形成符合社会运行总目标的价值观念和行为规范。针对现行激励机制的缺失,构建新型激励机制应注意以下几点。

(1)激励标准的全面性。

(2)激励的层次性和多元性。

(3)激励手段的灵活性。

4. 控制机制:多维统一

有关学者结合对我国篮球后备人才培养机制的研究,参照国外控制机制模式,构建了"四位一体"的竞技篮球后备人才培养控制机制模型(图5-8)。

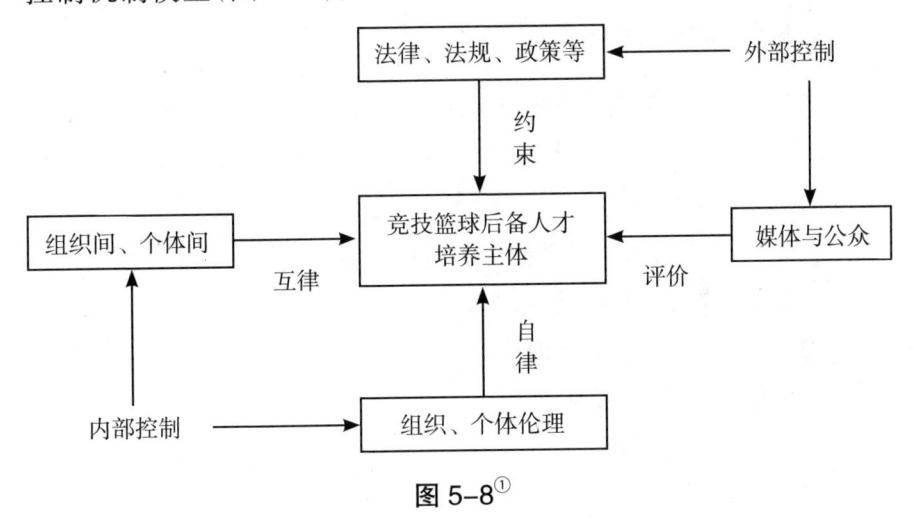

图 5-8[①]

(1)外部控制

外部控制依赖培养组织结构、组织培养目标和制度化因素等外部性力量,使培养组织及成员的状态与整个组织计划、目标保持一致。外部控制机制包括制度性规则、控制手段和秩序三个要素,如图5-9所示。

---

① 唐建倦.协同与整合——中国竞技篮球后备人才培养机制创新[M].广州:华南理工大学出版社,2016:136.

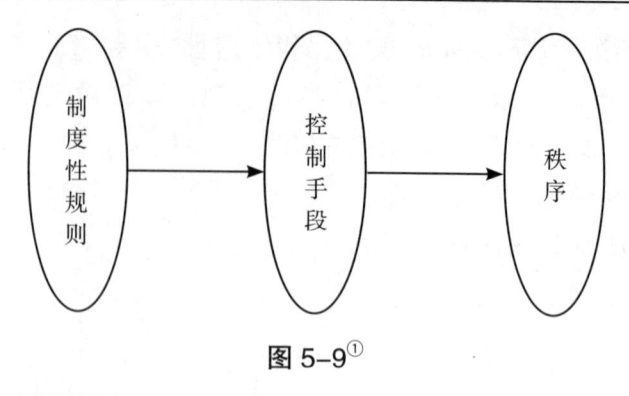

```
制度性规则  →  控制手段  →  秩序
```

图 5-9[①]

（2）内部控制

内部控制机制是指竞技篮球后备人才培养体系内部不同主体之间相互制衡、相互监督的各种机制。

5. 保障机制：健全多元

篮球后备人才培养的保障机制不仅要保证整个培养体系的健康、安全运行，还要为体系内的组织、成员提供基本和必要的生活保障，以及为组织、成员向高层次发展提供所需保障。

篮球后备人才培养保障机制的目标包括以下几点。

（1）保障覆盖目标全面化。

（2）制度供给方式合理化。

（3）保障内容多样化。

（4）保障服务水平高层次化。

（5）保障多功能化。

需要注意的是，构建保障机制需遵循公平与效率辩证统一理念。过分追求平均，可能会滋长惰性，抑制效率的提高（图 5-10）。因此一定要使保障在稳定整个培养体系和提高培养效率两个方面都发挥作用。

[①] 唐建倦. 协同与整合——中国竞技篮球后备人才培养机制创新[M]. 广州：华南理工大学出版社，2016：137.

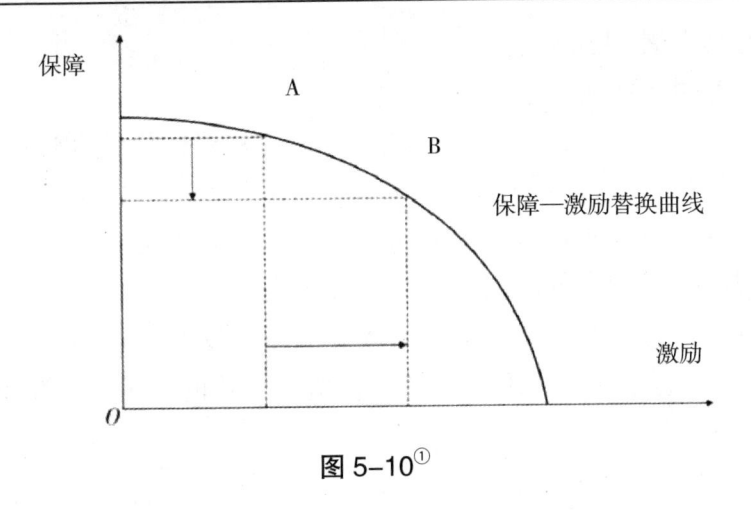

第五章　新时代我国篮球后备人才培养体系的构建

图 5-10[①]

(二)确立篮球后备人才培养的体教结合模式

"体教结合"指的是体育部门与教育部门的结合,体育运动与学校教育的结合以及运动训练、比赛与文化课程学习的结合。在篮球后备人才培养方面,要使体育系统与教育系统达到有机统一,确立体教结合的人才培养模式。

1. 建立体教结合人才培养模式的理论框架

体教结合要争取推动体育结构与教育结构的优化统一,通过有机结合达到最佳培养效果,构建体教结合模式,首先要架构起一个科学的理论框架,该框架要包含以下内容。

(1)根本目标

建设体教结合培养模式的理论框架,前提是先确立根本性的目标,这也是体育与教育两个系统有机结合的核心问题。这个目标就是对具有中国特色的篮球后备人才培养道路进行探索。

(2)指导思想

构建体教结合式的人才培养模式,要确立的指导思想和理念包括"以人为本"思想、"人文教育"思想、"和谐发展"思想以及

---

① 唐建倦.协同与整合——中国竞技篮球后备人才培养机制创新[M].广州:华南理工大学出版社,2016:137.

"可持续发展"思想等。

（3）主导价值

主导价值是价值判断的标准，主要用来对体教结合过程中的对与错、得与失进行判断。主导价值包括下列三个方面。

首先，有利于培养与提升篮球后备人才的竞技能力。

其次，有利于保障篮球后备人才的文化学习。

最后，有利于推动篮球后备人才的全面发展。

上述主导价值体现出体教结合培养模式的科学性、多元性以及协同性特征。

（4）理想蓝图

将体育资源与教育资源充分整合起来，以期实现为国家篮球队源源不断地输送篮球竞技实力强、综合素质高的新型篮球后备人才的美好愿景。

2. 拓展"体教结合"模式

虽然我国很早就确立了体教结合的人才培养模式，但是在模式运作中，体育与教育的结合大都流于表面形式，而且将业余体校这个人才培养单位作为结合的重点，缺乏深层次的、实质性的结合，缺乏内容的结合，形式层面与内容层面的结合应统一起来。对此，应该在推动篮球后备人才学习文化知识和接受运动训练的过程中真正落实体教结合，并对结合的空间、层次、形式进行拓展，形成建立在体教结合基础上的篮球后备人才培养体系，如图5-11所示。

另外，在上述体教结合人才培养模式的基础上，还可以将社会系统对篮球后备人才的培养机制融入其中，构成融体育系统、教育系统及社会系统于一体的新型篮球后备人才培养体系（图5-12），以扩大生源和人才选拔范围，提高篮球后备人才培养效率和培养质量。

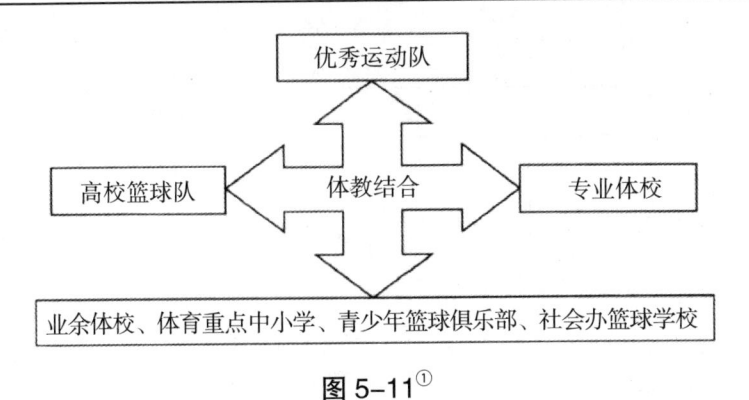

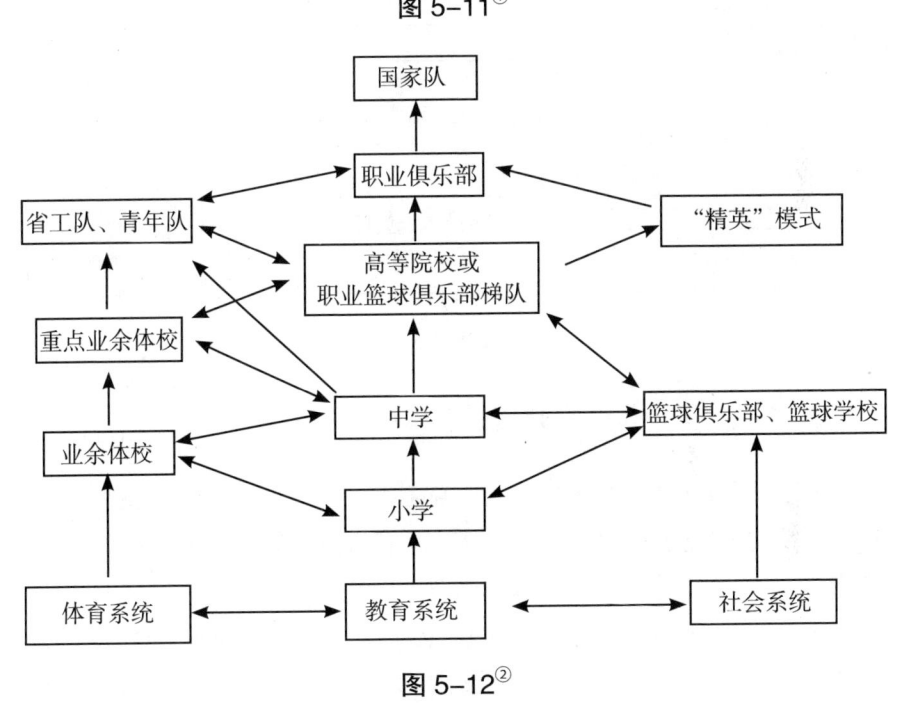

第五章 新时代我国篮球后备人才培养体系的构建

图 5-11[①]

图 5-12[②]

在上述三位一体的篮球后备人才培养新模式的基础上,还可构建融体育系统、教育系统及社会系统(俱乐部)于一体的篮球职业化训练体系(图5-13),使三个人才培养系统形成一个整体,加强各部分的横向联系和纵向衔接,统一培养目标,在人才培养中相互协同合作,加强沟通交流,互通有无,以实现最终的人才培养

[①] 唐建倦.协同与整合——中国竞技篮球后备人才培养机制创新[M].广州:华南理工大学出版社,2016:152.
[②] 温卫.我国竞技篮球后备人才培养模式研究[D].湖北大学,2016.

目标。

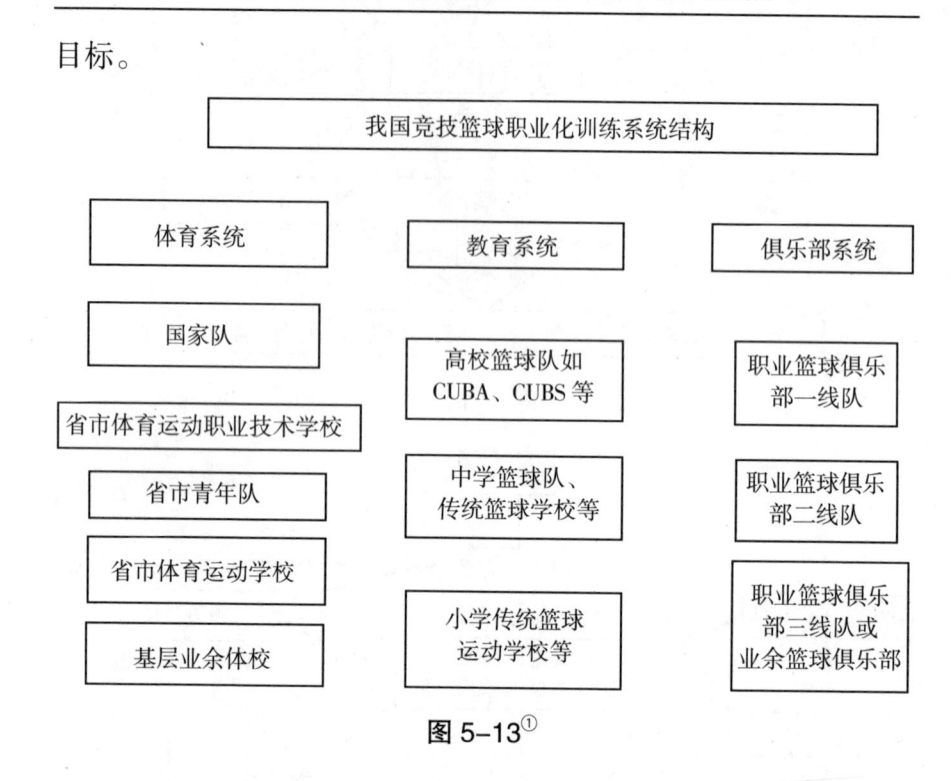

我国竞技篮球职业化训练系统结构

体育系统	教育系统	俱乐部系统
国家队	高校篮球队如CUBA、CUBS等	职业篮球俱乐部一线队
省市体育运动职业技术学校	中学篮球队、传统篮球学校等	职业篮球俱乐部二线队
省市青年队	小学传统篮球运动学校等	职业篮球俱乐部三线队或业余篮球俱乐部
省市体育运动学校		
基层业余体校		

图 5-13[①]

（三）优化青少年篮球竞赛组织体系

在竞技体育资源的配置中，竞赛作为"杠杆"发挥重要的调整作用，而在竞技体育的发展中，竞赛是非常重要的"指挥棒"，体育竞赛关系着体育训练体制改革、体育后备人才培养等体育工作，因此在竞技体育发展中必须重视对相关竞赛的组织与管理。为促进篮球后备人才培养，提高青少年篮球运动员的竞技能力，推动篮球后备人才全面发展，有必要优化重塑青少年篮球竞赛组织体系，这个举措有助于对篮球基础训练和后备人才选拔培养提供科学引导，有助于优化篮球竞赛环境。

对青少年篮球竞赛组织体系的优化主要采取以下措施。

1. 明确竞赛管理目标

培养竞技篮球人才，提升篮球运动员的竞技能力，要抓住最

---

① 赵国华. 我国竞技篮球职业化发展战略研究[D]. 苏州大学，2013.

第五章 新时代我国篮球后备人才培养体系的构建

关键的时期,也就是青少年时期。只有抓住这个阶段打好基础,才能为逐步提高和全面普及做好准备。通常,在基层开展少年儿童篮球比赛,以向少年儿童群体推广与普及这项运动为主,并通过比赛形式对优秀篮球苗子进行选拔与培养。针对青年群体举办篮球比赛主要是为了培养优秀的篮球队伍,提高运动队的整体水平,向上级单位输送篮球人才。

从不同级别的篮球训练来看,级别越低,越要重视激发兴趣,培养爱好,主要进行基础训练,预防专项训练现象在少儿群体中过早出现;级别越高,越要重视培养竞技能力,如图5-14所示。

总之,举办各式各样的青少年篮球比赛时,应该将主要举办目的明确下来,如对青少年的篮球训练效果进行检验,发现训练问题,及时纠正;提高青少年后备人才的篮球水平;选拔篮球后备人才;培养青少年篮球运动员的综合素质。

需要注意的是,举办青少年篮球赛事要树立"重育人、轻夺标"的人才培养理念,防止过度追求比赛成绩而不重视培养篮球后备人才的综合素质。

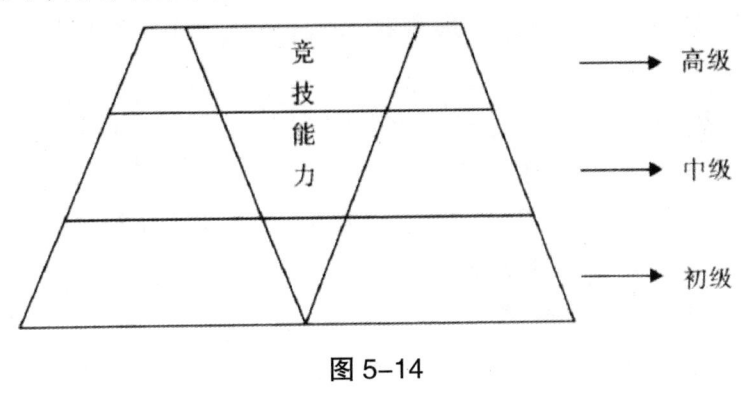

图5-14

2.对青少年篮球竞赛组织管理体制进行改革

改革青少年篮球竞赛组织管理体制可从以下几方面展开。

第一,明确组织管理机构中各部门的职能,对过去那种篮球比赛大大小小的事都由政府体育行政部门管理的局面进行改革。

第二,当前由政府主办或承办的青少年篮球赛事比较多,鉴于这一态势,政府体育行政部门和专门的篮球组织机构要在市场经济体制和篮球产业化、职业化发展的背景下改革传统的青少年篮球赛事管理模式,政府主要发挥宏观调控职能,管理上以市场管理为主,强化市场的调控功能。篮球主管部门要充分发挥督导职能,为篮球赛事服务,同时鼓励社会企业事业单位整合资源举办篮球赛事。

第三,科学构建青少年篮球赛事管理模式,新模式要体现出三个特点:一是政府主导,二是多方参与,三是市场化运作适度。政府主导能够为青少年篮球后备人才的健康成长与持续发展提供更好的保障;多方参与有助于进一步普及篮球运动;市场化运作要适度是因为具有公益性质的青少年篮球赛事不适合过度商业化运作。

3. 整合赛制

整合赛制主要是指整合同一层次与同一水平的篮球比赛,这样可以促进赛事的集约化发展,促进赛事质量的提高。从我国现阶段青少年篮球赛事的发展现状来看,可按以下三个阶段进行整合(5-15)。

第一,在各自竞赛体制下举办同一水平层次的比赛。

第二,在各竞赛系统中选拔优秀队进行对抗赛(赛会制)。

第三,在大学生篮球对抗赛、青年专业队篮球对抗赛中各选优胜队参与全国青年篮球年度总决赛。从而选拔优秀篮球人才输送到职业篮球队或国家队。

此外,可以对地方体校、传统体育学校以及普通学校的篮球比赛进行整合,这样参赛队伍增加了,比赛场次也增加了,可以给青少年提供更多的实战机会,积累比赛经验,提高竞技能力。

4. 加强对青少年篮球竞赛的监管

在青少年篮球竞赛的组织管理中,必须采取制度化手段加强监督,提高组织管理的规范性与实效性。要定期整治比赛风气与

第五章　新时代我国篮球后备人才培养体系的构建

纪律,打击比赛中的一切假丑恶现象,依法严肃处理违规违纪行为,创造公平公正、充满正能量的篮球比赛环境。此外,要重视基层篮球训练和比赛,注重对基层单位篮球后备人才的选拔,并与中高层衔接起来,完善篮球后备人才梯队建设模式。最后,要注重对青少年篮球后备人才信息资料库的建立,并定期更新与完善,将运动员的信息提供给选拔单位,为选材提供便利。

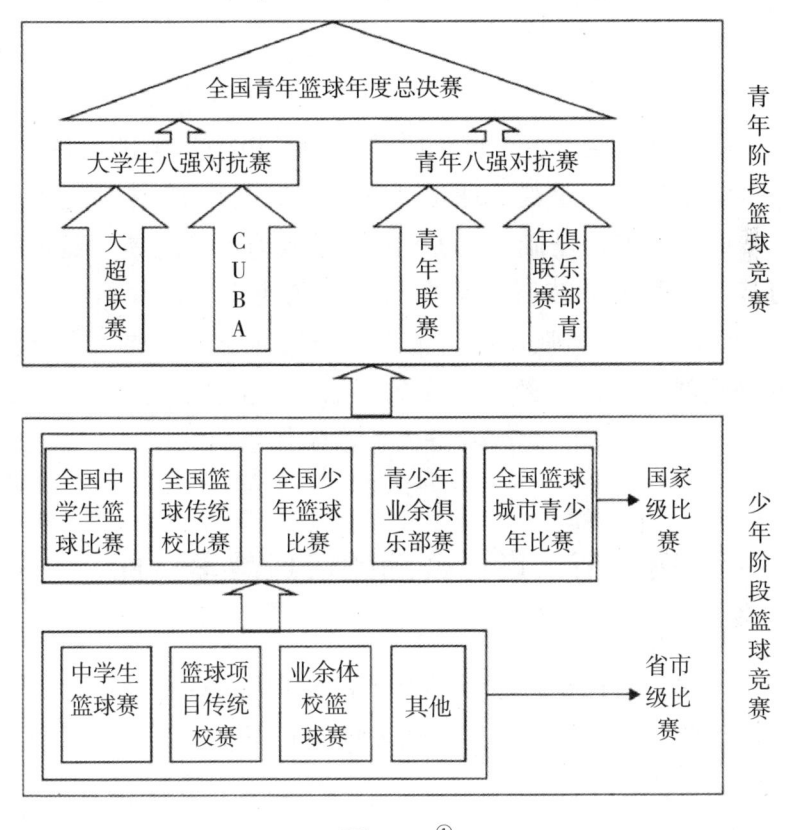

图 5-15[①]

---

① 唐建倦.协同与整合——中国竞技篮球后备人才培养机制创新[M].广州:华南理工大学出版社,2016:162.

第六章 新时代我国篮球后备人才教学体系的构建

在新的时代背景下,篮球运动得到了极为迅速的发展,世界上很多国家都非常重视篮球运动的发展。在我国,篮球运动也有着非常广泛的群众基础,这为我国篮球运动水平的提升奠定了良好的基础。我国竞技篮球水平的提升是建立在广大的后备人才发展基础之上的,加强篮球后备人才的培养至关重要。本章就重点研究篮球后备人才教学方面的内容,通过本章的研究,力争构建一个科学和完善的篮球后备人才教学体系。

第一节 设置合理的篮球教学目标

篮球教学目标是教学活动开展的指向标,只有设置一个合理的篮球教学目标,篮球教学活动才能有的放矢,实现预期的教学效果。

一、篮球教学目标的构成

篮球教学目标的构成内容是丰富多样的,其中身体素质发展目标、心理素质发展目标、艺术审美发展目标和知识技能发展目标都是非常重要的内容。

第六章 新时代我国篮球后备人才教学体系的构建

(一)身体素质发展目标

在篮球运动中,拥有良好的身体素质非常重要,它是人们参与这一项运动的重要基础。身体素质主要包括力量素质、速度素质、耐力素质、灵敏素质和柔韧素质等几个方面。因此说身体素质是人们参加篮球运动的重要基础,没有一个良好的身体素质,篮球后备人才就无法顺利地参加篮球教学活动。因此,身体素质的培养与提高也就成为篮球教学的一个非常重要的目标。

篮球运动员在比赛中需要身体力度、速度、幅度、高度、协调性等各方面的呈现,各种技术动作的完成也都是建立在这些身体素质基础之上的。如果不具备良好的身体素质,是很难顺利地完成这些篮球技术动作的。因此在平时的教学活动中一定要将身体素质的培养列为重要的教学内容。

(二)心理素质发展目标

篮球后备人才参加篮球运动训练也需要具备良好的心理素质,只有如此才能安全顺利地参加篮球训练,因此促进运动员心理素质的发展也就成为篮球教学的一个非常重要的目标。

在具体的篮球教学中,体育教师不仅要重视学生运动员的身体素质与技战术训练,还要强调心理水平的发展和提升,采取各种措施与手段提高学生的心理能力。同时,还要加强学生运动员的个性意识的培养,促使学生积极主动地参与到篮球教学活动之中。因此,促进学生的心理素质发展也是篮球教学的一个重要目标。

(三)艺术审美发展目标

篮球属于一项竞技体育运动,竞技体育运动本身就散发着无限的美,如篮球运动员在比赛中展示出的强壮高大的体型、各种高难技术动作等都能给人以美的享受,经常参加篮球这一项运动,能塑造完美的形体。而观看篮球比赛也能从中受到美的熏陶,促进自身审美能力的提高。因此说,促进艺术审美能力的提升也是篮球教学的一个非常重要的目标。

在具体的篮球教学过程中,体育教师或教练员一定要采取针对性的手段与方法努力提升学生运动员的艺术审美能力,这也是体育教学的一个重要目标。

(四)知识技能发展目标

篮球运动有着悠久的历史,通过长期的发展,篮球运动的内容越来越丰富,内涵也越来越深刻,要想更好地参加篮球运动,需要学生运动员能彻底地理解与把握篮球运动的内涵,建立良好的篮球运动知识结构,因此促进学生运动员知识技能的发展也是篮球教学的一个重要目标。

篮球运动教学促进学生知识技能发展的目标主要体现在以下两个方面。

一方面,学生运动员参加篮球运动教学或训练都需要具备一定的理论知识,在此基础之上才能更好地参加运动训练或比赛。可以说理论知识是运动训练的重要基础和保障。如果没有一定的理论知识作指导,整个篮球教学活动就显得无序,难以顺利地进行。因此,在具体的篮球教学活动中,一定要重视学生运动员篮球理论知识的培育。

另一方面,在具体的篮球教学活动中,体育教师或教练员要指导学生熟练掌握篮球技术动作、身体锻炼方法、篮球基本套路等,不断提升学生的篮球运动能力。

二、选择与设置篮球教学目标的注意事项

为保证篮球教学活动的顺利进行,必须要选择与设置合理的教学目标,在设置篮球教学目标的过程中要注意以下几个方面的要求。

第六章　新时代我国篮球后备人才教学体系的构建

(一)根据学生与社会需求进行设计

篮球教学目标的选择与设置一定要结合学生的学习需求及社会需求而定,这样才符合学校教育与社会发展的要求。如此设计出的篮球教学目标才符合当今学校教育发展的要求,才是具有科学性和合理性的教学目标。以学生的学习需求为依据进行设置的主要原因在于只有需求才能产生一定的动机,而人的动机则会对其具体的行为进行必要的引导。如果设置的篮球教学目标不能满足学生的学习需要,就难以激发其学习篮球的动力,因此制定篮球教学目标时一定要注意以学生的学习需求为依据。除了依据学生的学习需求进行设计外,还要注重社会需要,要站在育人的高度,科学地设计与安排篮球教学目标,这样才符合现代篮球运动发展的趋势,有利于学生运动员篮球运动水平的提升。

(二)重视学生快乐情感的体验

在选择与设置篮球教学目标时,体育教师或教练员还要重视学生运动员快乐情感的体验,设置的教学目标一定要符合学生身心发展的特点及规律,同时还要能激发学生快乐的情感,如此学生运动员才能以积极饱满的热情投入到教学活动之中,从而促进自身篮球运动水平的提升。需要注意的是,学生运动员快乐情感的激发要讲究一定的方式和方法,整个教学活动不是无序的,而是寓教于乐的。

除此之外,在具体的篮球教学中,仅仅只重视学生运动员快乐情感的激发还是不够的,因为学生运动员的情感是非常丰富的,不仅有积极快乐的情感,还有主动与被动、成功与失败等各种情绪体验,多种复杂的情绪情感体验都是在教学活动中存在的。[①]因此,在选择与设置篮球教学目标时要牢牢把握这一点。

---

① 孙慧.高校体育课程教学目标体系的构建[J].武汉体育学院学报,2005(10):111-113.

（三）教学目标要体现学生的运动能力

在篮球教学活动中，学生运动员在体育教师或教练员的带领下参加各项活动的学习与训练，其中运动技能的学习是最为重要的一方面，而在学生运动员运动能力的培养上则比较欠缺。这一现象非常普遍。因此，在设置篮球教学目标时，一定要重视学生运动员运动能力的培养。要做到这一点，就要改变以往的教学理念，实现以下三个方面的转变。

（1）由"重视学会"向"重视会学"转变。

（2）由"重视运动技能学习"向"重视体育能力培养"转变。

（3）由"重视技能学习与掌握"向"重视情感体验教学"转变。

学生运动员运动能力的培养是非常重要的一方面，只有这方面的能力得到提高了，学生运动员的篮球运动水平才能得到进一步的提升，实现跨越式的发展。除此之外，在篮球教学目标设置的过程中，不能将学生运动员运动能力的培养过于简单化、空洞化和庸俗化，[①]而是要结合具体的实际进行，仔细分析教学活动中的每一个变量因素，促进学生运动员篮球运动能力的提升。

（四）教学目标要依据学生的个体差异而定

在现代教育背景下，篮球教学理念也得到了一定的更新与发展，越来越多的先进的教学理念被应用于篮球教学之中，极大地促进了篮球教学的发展。如"以人为本""个性化发展"等教学理念的广泛利用极大地促进了篮球教学质量的提高。对于学生而言，每一名学生都存在着不小的差异，这些差异主要表现在身体素质、运动基础、学习能力等方面，因此制定教学目标时，还要依据学生个体差异而定，制定的教学目标要能促进全体学生的发展，这样才符合现代教育的基本要求。这对于篮球教学质量的提高具有重要的意义和作用。

---

① 孙慧.高校体育课程教学目标体系的构建[J].武汉体育学院学报，2005（10）：111-113.

第二节　革新篮球教学理念

一、当今常见的体育教学理念

(一)"以人为本"教学理念

1."以人为本"教学理念的提出

"以人为本"的教学理念提出教育应落实到"育人"和"促进人发展"上面,以往我国那些重视竞技体育成绩、用体能训练和技能训练代替体育教学、体育教学为竞技体育服务等思想观念和做法都受到了强烈的冲击。在这样的背景下,"以人为本"的教学理念在体育教学中,当然也包括篮球教学,得到了广泛的推广与利用。

"以人为本"教学理念要求在篮球教学的过程中以人为基础和根本。"以人为本"的发展观要求在教育过程中将人的自由、幸福、和谐全面发展以及终极价值实现重视起来,要求体育教育突破机器的教育模式,真正转变为人的教育。教育是人的自我实现、自我理解以及自我确认的过程。而不是用金钱标准衡量现代人的自我价值和自我尊严。这是"以人为本"教育理念的真正价值所在。

在当今社会背景下,"以人为本"的教学理念已深入贯彻到体育教学的各个层面,发挥着巨大的作用与价值。在新的历史背景下,我们应充分贯彻与落实科学发展观,坚持"以人为本"的教学理念,推动篮球教学水平的进一步提升。这对于我国篮球后备人才的培养与发展具有非常重要的意义。

2."以人为本"的教学观点

"以人为本"这一教学理念充分肯定了人在教育中的作用,将这一理念充分应用于篮球教学之中能取得良好的教学效果。

具体而言,"以人为本"的教学观点主要体现在以下几个方面。

(1)教育的目的是促进师生的自我实现

在"以人为本"教学理念下,进行篮球教学的目的主要在于实现师生的共同发展。

一方面,学生的自我实现主要包括身心发展、智能发展、社会适应性提高等几个方面,通过篮球教学能在一定程度上促进学生的各种素质的发展。在"以人为本"的基础性理论人本理论的支持下,篮球教学不仅要重视健康知识和运动技能的学习,还要能促进学生的心理、情感、社会性发展等。除此之外,通过篮球教学,还能有效发掘和发挥每一名学生的学习潜能,促进学生学习能力的提高。

另一方面,在篮球教学中,体育教师或教练员通过组织与开展教学活动来提高自己的教学能力、组织能力、社交能力、科研能力等。教师在组织与开展篮球教学活动的过程中,促进自我综合教学能力和体育素养的不断提高,实现自身应用的价值。

(2)篮球教学安排应尊重学生的自由发展

伴随着现代教育的发展,人们逐渐认识到,人是教育的出发点,人本教育将教育的重点落实到人身上,关注人的健康成长。在体育教学中,学生是教育活动的主体,在具体的教学过程中应重点关注学生的个性发展和独立人格发展,体育教师要采取各种手段与措施激发学生学习的积极性,促进学生全面素质的发展和提高。

在篮球教学中,要促进学生的个性化发展,这是"以人为本"教学理念的重要要求。因此,在具体的篮球教学中,体育教师要做到因材施教,必须要尽可能实现多样化的教学课程设计,制定出合理的教学方案,以促进每一名学生的发展。

（3）教学方法选用应重视学生情感体验

"以人为本"强调以学生为中心，促进学生的个性化发展。要想实现这一目标，还需要重视教学方法的选择与创新，选择合理的教学方法能有效激发学生的学习兴趣，从而提升篮球教学质量和水平，促进学生运动能力的提升。

在"以人为本"这一教学理念的指引下，体育教师应全面了解和尊重学生，构建和谐的师生关系，这样有助于篮球教学活动的顺利开展。在具体的篮球教学中，学生的学习受到个人态度、个人爱好、获得学分等动机的影响，构建一个和谐融洽的师生关系对于篮球教学质量的提升具有非常重要的意义。

3."以人为本"教学理念在篮球教学中的应用

（1）重构篮球教学目标

在新的科学化教学理论、教学理念发展的背景下，体育教师受到了很大的启发与指导，这突出表现在教学目标的确立等方面。在新的时代背景下，"以人为本"的教学理念在体育教学中得到了广泛的运用，这是时代的发展和进步。在"以人为本"教学理念下，不能单纯地追求学生的外在技能水平，而应该重视学生的全面、健康、可持续发展。今后的篮球教学重点应转移到"以人为本"上，也就是"以学生为本"上，一切篮球教学活动都要围绕学生进行。

（2）建立学生教学主体观

当前"以人为本"的教学理念渗透到各科教学之中，受到广大教师和学生的重视。目前我国也有越来越多的教师开始关注学生，从学生的特点、条件、基础和学习需要出发来选择教学内容、选择教学方法、选择教学组织形式与教学模式。这极大地提升了教学的质量。在具体的篮球教学中，也理应做到这一点。

（3）选择合适的教学内容

"以人为本"的教学理念还十分强调篮球教学内容要与学生的发展需求相适应，主要包括以下几个方面的要求。

第一，篮球教学内容的选择要保证多样性和趣味性，能满足学生的学习需求，激发学生学习的兴趣。

第二，篮球教学内容要具有一定的适用性，能有效培养学生的学习意识和独立学习的能力。

第三，篮球教学内容还要具有启发性和创新性，这样才能培养学生的创新意识与能力，促进学生全面素质的发展和提高。

(二)"终身体育"教学理念

1."终身体育"教学理念的内涵

"终身体育"教学理念的内涵重点体现在以下两个方面。

一方面，学生都要养成终身参加体育锻炼的意识与习惯，这样才能保证良好的身体素质，促进自身的健康发展。

另一方面，学生参加体育教学或运动锻炼都要运用科学的手段与方法，在正确的价值观念下参加体育锻炼，实现体育锻炼的目标。

"终身体育"的内涵可以说主要体现在以下几个方面。

(1)在时间上，终身体育要贯穿于人的一生，在任何时候都不能中断。

(2)在内容上，可供人们参加的体育锻炼项目非常之多，能满足人们的各种体育需求。

(3)在人员上，全体人民群众都是终身体育锻炼的主体。

(4)在教育上，终身体育的目的是增强全民体质。

总之，"终身体育"教学思想的确立非常重要，这一教学理念值得提倡与推广。

要想在具体的篮球教学中很好地贯彻与落实终身体育这一教学理念，要充分发挥体育教师的作用。体育教师应关注学生终身体育意识和能力的培养，不能只关注和过于重视篮球技术、技能的教学，要促进学生综合素质的发展和提高。

第六章　新时代我国篮球后备人才教学体系的构建

2. "终身体育"教学理念在篮球教学中的应用

（1）不断丰富篮球教学内容

①进一步优化与整合篮球教学内容，提高学生学习篮球的兴趣。

②开展多种形式的篮球活动，丰富篮球教学内容。

③讲授篮球规则和裁判知识，引导学生关注篮球运动的热点。

④鼓励学生积极参与各种形式的篮球活动。

（2）提高教师综合素质水平

①转变体育教师的教学思想，树立终身体育教学思想，并将这一思想充分贯彻落实到篮球教学实践之中。

②开展各种类型的篮球教学活动，更好地为学生终身体育学习而服务。

③努力提升体育教师的教学能力，构建和谐的师生教学关系。

二、影响篮球教学理念创新的因素

在篮球教学中，建立正确的教学理念非常重要。在正确的教学理念的指导下，篮球教学活动才能顺利地开展，才有利于实现预期的教学目标。一般来说，在篮球教学中，影响篮球教学理念的因素主要有认知、个性与师生关系等几个方面的因素。

（一）认知因素

篮球教学理念的确定在一定程度上受到认知因素的影响，这一影响主要体现在以下几个方面。

（1）在确立或者创新教学理念的过程中，人们容易产生一定的思维定式，不能及时领悟当前篮球教学的具体实际而陷入某一个误区。

（2）体育教师或教练员的知识结构体系不是很丰富，缺乏创新思维能力提高的必要条件。

（3）体育教师技术动作表征和酝酿能力较差,不能正确地感知和理解问题。

（4）存在一些不良的思维品质,影响学生创新思维能力的培养。

(二)个性因素

个性也是影响篮球教学理念创新的重要因素,因此积极培养创新者的个性也是非常重要的。

（1）如果体育教师和学生缺乏必要的创新需要和动机就会影响篮球教学理念的创新,因此激发学习动机非常重要。

（2）如果缺乏创新的兴趣也难以实现篮球教学理念的创新。

（3）如果缺乏一定的创新意志也难以实现篮球教学理念的创新。

(三)师生因素

师生因素也是影响篮球教学理念创新的一个非常重要的因素。因此,在具体的篮球教学中一定要建立良好的师生关系,加强师生之间的良性互动。

（1）如果体育教师综合素质较低,就会影响教学理念的创新,也会影响学生思维能力的培养。

（2）体育教师缺乏良好的社会意识也容易导致其难以提出良好的教学理念,不利于篮球教学活动的顺利进行。

三、篮球教学理念创新的策略

(一)体育教师带动学生进行创新

1. 挖掘与培养学生潜能

体育教师在篮球教学的过程中要始终坚信,每一名学生都有自身的个性特点和潜能,在学生众多的潜能之中包含着创新潜能,这是一个非常重要的潜在能力,充分挖掘与培养学生的创新潜能,有助于对创新型人才的大力培养。教师要相信,潜能的大小与学生的成绩没有必然的联系,不仅成绩好的学生有创造潜能,成绩差的学生也有,只是有待挖掘。因此在平时的篮球教学中,体育教师一定要注意挖掘与培养学生的潜能,包括运动方面的潜能和学习潜能。

2.培养学生的创新思维能力

在具体的篮球教学中,体育教师要充分了解与尊重学生的不同个性,针对不同的学生有针对性地进行教育,将统一要求与弹性要求结合起来。在具体的篮球课堂中要善于引导学生开动脑筋,发散思维,鼓励其创新。可以主动要求学生在课堂上提出各种质疑,从而促进学生创造性思维能力的发展和提高。

3.善于运用启发教学法培养学生自己动手解决问题的能力

在具体的篮球教学中,体育教师还要注意提升自己的创新能力,对学生给予必要的创新能力的指导。学生在自主学习的过程中往往更容易开动脑筋,拓展思维,所以教师要打破教师主动教与学生被动学的传统课堂模式,留出一定的时间让学生自主学习、合作学习、探索学习,使学生将其主观能动性和潜在的能力发挥出来。如今比较流行的情境教学就是这样一个比较有效的教学模式。体育教学可以将其充分运用到篮球教学之中。

(二)激发学生的学习动机和好奇心

要想进一步提升篮球教学的质量和效果,体育教师必须要引导学生激发自己的学习兴趣和动机,在这样的情况下,学生才能产生主动学习的动力,从而引发创新思维。在具体的篮球教学过程中,体育教师要善于启发和引导学生的发散性思维,促进学生思维创新能力的提升。学生思维创新能力的提升需要注意以下两方面的要求。

一方面,在平时的篮球教学过程中,要综合教学中的各个要素设计合理的教学方案,能引起学生积极主动思考的教学方案就是科学的方案。

另一方面,在具体的篮球教学过程中,要针对每一名学生的具体实际,合理设计与安排合适的教学内容,教学内容的安排要有利于激发学生学习的积极性。

(三)开展探究性学习

探究法,是指在教学中学生掌握各种知识与技能的学习方法。[①]这一方法在当今体育教学中得到了广泛的利用。通过这一方法的运用能有效地提高学生的创新思维意识与能力。

在具体的篮球教学中,探究性学习要注意以下几点。

1. 目的要明确

在具体的篮球教学中,体育教师首先要明确研究的目的,这样才能朝着这一方向努力,从而设计出合适的篮球教学目标,选择合理的教学方法。

2. 开展探究性教学要与学生的知识水平相符

在具体的篮球教学中,体育教师还要充分了解与掌握每一名学生的实际情况,包括学生的学习基础、学习态度、兴趣与爱好等,充分了解学生的知识结构,这样能更好地进行探究性学习,从而有效提升学生的篮球运动水平。

3. 善于启发与引导学生

在篮球教学过程中,存在着大量的疑难问题,这时就需要体育教师积极地引导学生进行发散性思考,采取合理的手段与措施去解决这些疑难问题。在解决问题的过程中,有效地提升了学生

---

① 李启迪,邵伟德.体育教学基本理论研究[M].北京:北京师范大学出版社,2014:124.

的创新思维能力。

(四)尊重学生的独立人格

篮球教学理念的创新,还要注意培养和提高学生的创新意识与能力,这也是非常重要的一方面。创造性的基础就是要强调人格,实现自我价值与个性发展。对于我国学校教育而言,受传统教育思想的影响,我国历来都不怎么重视学生的人格教育,学生的个性发展与独立人格一直受到极大的压制。在这样的情况下,根本不可能培养和提高学生的自主创新能力。因此,尊重学生的独立人格,有利于激发学生创新意识与思维,从而有利于篮球教学理念的创新与发展。

在具体的篮球教学中,培养学生的独立人格可以采取以下手段。

(1)给予学生一定的自由,学生结合自身的实际情况合理安排学习时间,提高学习的效果。

(2)采用先进的教学模式,给予学生充分的自主选择权,自由选择学习内容。

(3)积极引导学生培养自己的创新思维与意识,提高创新能力。

(五)利用网络资源培养创新思维

在当今信息化时代背景下,互联网技术在社会各个领域都得到了广泛的利用,通过网络信息或网络资源的利用,能很好地培养和提升自己的自主学习和创新能力,这对于学生创新思维能力的培养和提高具有重要的意义。在这样的条件下,也有利于体育教师创新篮球教学理念。

在具体的篮球教学活动中,体育教师可以安排15分钟的准备活动,让学生自己设计、组织准备活动,准备活动结束后教师考评,并在最终考核中将这部分成绩纳入其中。通过这一方法,能激发学生参与篮球活动的积极性,有利于思维创新能力的发展和提高,也有利于体育教师提出新的篮球教学理念,从而促进篮球教学水平的提升。

第三节 深入挖掘与开发篮球教学内容

一、篮球教学内容概述

总体上来看,篮球教学内容主要包括篮球理论知识教学、篮球技术动作教学和战术配合教学等几个部分,这几个部分都是常规的教学内容,是必不可少的。

(一)理论知识

篮球教学理论知识是必不可少的一部分内容,它能为教师的教学和学生的学习提供良好的理论指导,确保篮球教学的科学性。但据调查发现,目前我国在篮球理论教学方面还比较欠缺,难以有效指导学生学习篮球技能和进行篮球活动实践。

伴随着篮球运动在学校中的开展,目前已建立和形成了一个比较完善的教学内容体系。具体而言,其教学内容主要有:篮球技战术分析、篮球教学训练理论、篮球竞赛的组织、篮球竞赛的规则、篮球竞赛的裁判法等。在教学过程中,体育教师要认真细致地传授给学生这些知识,帮助学生建立一个完善的理论知识结构体系。

(二)技术动作

在篮球教学中,技术动作教学可以说是最为重要的内容,通过技术动作教学,学生能很好地掌握篮球技术,提高篮球运动技能水平。在篮球技术动作教学中,技术规格、动作要领和技术运用等都是必不可少的内容。在具体的技术动作教学过程中,体育教师要做出正确和规范的示范动作,帮助学生建立和形成良好的动作定型。

第六章　新时代我国篮球后备人才教学体系的构建

（三）战术配合

篮球是一项集体项目，少不了团队之间的配合。这一运动项目十分强调队员之间的战术配合，因此战术配合也是篮球教学非常重要的内容。体育教师要指导学生学习和掌握必要的战术阵势和战术配合，促进篮球战术意识的提高。

篮球战术配合中，两三人的基础配合和全队配合是比较重要的内容。体育教师要重点讲述人与球移动的路线、攻击点、战术运用的时机等。同时还要通过大量的实战练习来提高学生的战术配合意识，让学生在比赛中学会灵活地运用战术。

二、篮球教学内容挖掘与开发应遵循的原则

在挖掘与开发篮球教学内容的过程中，教育者应遵循一定的原则，这些原则主要包括教育性原则、健康性原则、兴趣性原则、主体性原则、个性化原则等。把握这些原则才能开发与设计出符合篮球教学要求的内容。

（一）教育性原则

教育性是篮球课程资源开发与利用的一个非常重要的原则，这是由体育教育的本质所决定的。教师在篮球教学实践中，开发与利用篮球资源必须将资源的教育性功能凸显出来，充分发挥课程资源在全面培养的人才方面的作用。

（二）健康性原则

"健康第一"是当今体育教学一个非常重要的理念，在体育教学中得到了广泛的利用。在具体的篮球教学中，教学要凸显课程教学资源对学生的"健康发展促进"作用，开发与利用篮球课程资源，要坚持健康性原则，设计的教学内容要符合学生身心发展的特点与规律，能促进学生身心素质的全面发展。

篮球教学内容资源的挖掘与开发应高度重视是否对学生的身心健康有利，能否培养和提高学生的社会适应能力。除此之外，篮球教学内容的挖掘与开发还要注重健身性、文化性与娱乐性的结合，其中健身性是非常重要的内容。

(三)兴趣性原则

篮球教学内容的挖掘与开发还要重视其是否具有一定的趣味性，能否激发学生学习的兴趣。在篮球教学内容挖掘与开发的过程中，应在教学内容上结合学生特点，根据年龄和学段的不同，挑选学生喜欢的内容。这样才能充分激发学生学习的积极性，帮助其养成自觉参与篮球活动的习惯。

如今"健康第一"教学理念得到了广泛的贯彻与利用，体育教师要详细了解学生的身心特征、学习基础与运动能力，选择符合学生个性特点的教学内容资源，构建一个轻松愉悦的篮球教学环境，从而促进篮球教学水平的提升。

(四)主体性原则

如今，"以人为本"的教学理念也在体育教学中得到了广泛的利用，这一理念要求必须在教学过程中高度重视学生的主体地位，开发的篮球教学内容也要以学生为主体，体育教师要了解学生、尊重学生、关爱学生，将教学观念从教师价值主体向学生价值主体转化，篮球教学内容的开发要充分考虑学生的身心发展需求，要有利于学生的全面发展。

在具体的篮球教学内容资源开发中，要逐步改变以往教育工作者决定教学内容的价值取向，要高度重视学生的价值取向，根据学生的需求设计与开发篮球教学内容，这无论对于篮球教学质量的提高还是学生的健康发展都是非常有利的。

第六章　新时代我国篮球后备人才教学体系的构建

（五）个性化原则

篮球教学内容的挖掘与开发要为学生的健康服务，由于每一名学生在身体素质、运动基础、学习能力等方面都是不同的，因此在开发的过程中，要严格遵循个性化的基本原则。

（1）篮球教学内容的开发要符合全体学生的学习与发展需求，并突出小群体学习与发展特点。

（2）篮球教学内容的开发要立足学校实际，充分发挥学校的资源优势，打造学校的特色品牌。

（3）篮球教学内容的开发要突出课程资源特点，保证开发利用活动具有一定的创造性。

（4）篮球教学内容的开发要凸显出民族特色、地方特色、专业特色。

第四节　创新篮球教学方法

一、常见的篮球教学方法

（一）语言教学法

1. 讲解法

讲解法在体育教学中得到了非常广泛的利用，在篮球教学中也是如此。这一教学方法常见于体育理论与技术实践中的各种技术要领的讲解。在体育教学中，讲解法就是指体育教师通过运用合理的语言向学生讲解基本的技术动作要领、方法和规则，指导学生积极学习和掌握技术动作的一种方法。

在篮球教学实践中，应用讲解法，要注意以下几点。

第一，明确讲解的目的与内容。

第二,保证讲解的内容要正确无误。

第三,讲解的过程要突出趣味性,保证生动形象。

第四,准确把握讲解的时机。

第五,观察学生的各种表现,讲解要能充分激发学生的积极性。

2. 口令与指示法

口令与指示法是体育教师借助多种口令和指示进行,如"立正""跑""转体"等。这种教学方法非常有利于篮球教学活动的开展。

口令与指示法的应用要注意以下几个方面。

第一,指示的时机和节奏要把握好,不能过于拖沓,否则会影响学生的学习与模仿练习。

第二,在讲解的过程中,体育教师的发音要洪亮清晰。

(二)直观教学法

直观法也是一种重要的教学法,这种教学方法在当今的篮球教学中也得到了广泛的运用。

1. 动作示范法

在动作示范法的帮助下,学生能很好地了解篮球技术动作的形象、结构和要领。

体育教师在应用动作示范法教学时要注意以下内容。

第一,明确示范的目的和任务。

第二,示范的动作要保证正确,避免对学生造成误导,从而导致错误动作的发生。

第三,示范的难度要适中,符合学生的实际水平。

2. 直观教具与模型演示法

直观教具与模型演示法也是一种重要的直观教学法,对于篮球教学中那些难度较大的动作,如行进间勾手投篮、胯下运球等都可以采用这一教学方法。

（三）完整教学法

完整教学法，就是从动作的整体上出发进行教学和练习的一种教学方法。这一方法适用于比较简单的篮球技术动作教学。运用这一教学方法时需要注意以下几个要点。

（1）仔细分析篮球技术动作的各项要素，确保技术动作的完整性和流畅性。

（2）那些难度较大的技术动作不便于学生学习和掌握，体育教师可以采取适当降低动作难度的方法进行示范和讲解。

（3）对于难度较大的技术动作，体育教师可以适当改变外部环境条件，借助外力条件完成完整的技术动作。

（四）分解教学法

与完整教学法不同，分解教学法是指将完整的动作划分为几个部分，逐步使学生掌握完整的动作技术的一种方法。这种方法适用于难度较大的篮球技术动作。

体育教师在应用分解教学法进行讲解时需要注意以下几个方面的要求。

（1）深入细致地分析动作技术特点。

（2）注重时间、空间等方面的有序性和统一性。

（3）关注各个环节之间的联系。

（4）注重各个环节之间的动作的衔接。

（5）将分解法和完整法结合起来使用。

（五）程序教学法

程序教学法在当今的篮球教学中也得到了较为广泛的利用，这一教学方法常用于篮球各种技术动作教学中。在具体的教学过程中，体育教师首先要求学生按照预先设计好的小步子来学习，教师及时对其进行评价，并反馈学习结果，然后根据学生的学习结果决定下一步该怎么做,如果学生这一步的学习达到了标准,则可进入下一步学习;否则就要重新学习这一步,这种教学方法有利于提高篮球技术动作教学的效率,值得大力提倡和推广。

（六）游戏教学法

游戏法,就是通过游戏的方式来完成相应的教学任务的方法。游戏法具有较大的趣味性,深受学生的欢迎和喜爱。

体育教师在运用游戏法进行篮球教学时,需要注意以下几个方面的要求。

（1）确定游戏规则和游戏要求。

（2）学生必须遵守游戏规则。

（3）教师进行公正、客观的评判。

（七）竞赛教学法

竞赛法是通过组织学生比赛进行教学和练习的一种教学方法,竞赛法能很好地提升学生的篮球技术和实战能力,因此值得推广与运用。

应用竞赛法进行篮球教学时,体育教师需要注意以下几个方面的要求。

（1）分组要合理,双方实力要均衡。

（2）学生在比赛中能够熟练运用自己所掌握的各种篮球技术动作。

（3）在良好的环境下进行比赛,确保比赛的安全性。

二、现代教育背景下的创新教学方法

（一）群体激励教学法

群体激励教学法,就是通过集体思维相互激励,引发众多反应,产生多种解决问题的设想的一种教学方法。这种教学方法在篮球教学中也可以被很好地使用。

一般情况下,群体激励教学法的流程为:

第一,体育教师提出本次教学将要探讨的各种问题。

第二,体育教师引导学生积极参与活动实践,寻找问题的答案。

通过群体激励教学法的运用,学生的创新意识和能力能得到极大的提升。

(二)移植教学法

移植教学法,顾名思义就是从其他学科中移植过来的一种教学方法。体育教学中的移植教学法就是指根据体育学科的特点和体育教学的需要而进行针对性的处理后运用到体育教学实践中的方法。这一教学方法可以完全利用到篮球教学之中。

移植教学法具有很强的普适性。实际上,不仅体育教学可以从其他学科或教育领域中借鉴一些先进的方法,在其他学科的教学中也可以借鉴一些体育教学方法,有些方法在很多学科的教学中都是普遍适用的,只是要注意根据各个学科的特点及现实教学条件去进行合理的加工、改造,而不能盲目借鉴,否则教学方法再科学、再先进,也难以发挥出本身的功能,无法达到提高体育教学效果的目的,甚至不利于教学活动的开展。因此,移植教学法的利用一定要结合具体项目的具体实际进行。

移植教学法可以说属于一种综合性的教学方法,要求体育教师必须具备各方面的素质与能力,如较高的知识水平、良好的思维方式、高超的教学技能等。只有如此,体育教师才能更好地从教育学、心理学及运动训练学领域中汲取新鲜的元素而设计体育教学方法,并将移植而来的教学方法灵活运用于课堂教学中,发挥各种教学方法的作用,而如果教师知识储备少,思维僵化,教学技能不熟练,缺乏教学经验,那么其可能只会浅显地借鉴其他学科的教学方法,或者不加改造、移花接木,或者在加工改造中胡编乱造,在这种条件下创造出的教学方法是很难取得理想的教学效果的。

(三)难度增减教学法

难度增减教学法是指通过难度的增加和减少来进行教学的方法,这种教学方法可以用于篮球各种技术动作教学之中。体育教师在运用难度增减教学法时,要注意保证篮球技术动作的结构和性质不能改变,否则就会导致技术动作习练的无效。

大量的实践表明,难度增减教学法能够在一定程度上保证教学按照难度逐渐递增的顺序顺利开展,在这样的情况下,学生也能获得学习篮球的自信心,从而有效提升学习的效果。

(四)逆向思维教学法

逆向思维教学法是指从逆向思维出发,将问题从反方向引出来的一种教学方法。这种教学方法能很好地培养学生的创新意识与能力。

受思维定式的影响,我们通常习惯于用正向思维去认识和思考问题,但是惯性思维并不能很好地解决所有的问题,有时利用逆向思维反而会取得不错的效果。

在现代社会背景下,善于运用逆向思维去解决问题符合现代社会发展的要求。在篮球教学中,利用逆向思维学习较为复杂的技术动作时,将难度较大的动作环节作为首先要掌握的因素而去不断地练习,熟练后再练习难度较小的动作环节,通常能取得不错的效果。

在篮球教学中,体育教师要利用好逆向思维这一方法,指导学生善于利用逆向思维去思考和解决问题。长此以往,学生的各方面素质就能得到发展和提高。

(五)分层教学法

在具体的篮球教学中,体育教师还要掌握分层教学这一方法。分层教学法是指依据学生的特点与实际水平进行合理的分层,根据不同层次学生的特点组建合作小组,然后设计不同层次的教学目标,分别安排相应的教学内容和教学方法。这种方法也可以运用在篮球教学中。

在具体的篮球教学中,体育教师安排各个环节的教学时一定要结合每一名学生的具体实际情况合理地分组,确保实现良好的教学效果。

(六)即兴展现教学方法

即兴展现教学法强调师生教学中的互动,同时强调学生自我能力的展现,非常注重学生的主体地位,重视学生全面素质的培养与提高,这种教学方法非常符合"以人为本"的教学理念,可以将其充分应用于篮球教学实践之中。

在运用即兴展现教学法的过程中,体育教师需要创设一个和谐的课堂氛围,在这样的教学氛围下,能很好地培养学生的创新能力,促进学生综合素质的发展和提高。

(七)掌握学习教学法

掌握学习教学法是指体育教师依据教学大纲对学生分层次实施教学内容,然后定期进行阶段性评价的方法。这一方法主要采用班级授课的形式。在具体的篮球教学中,体育教师要充分依据学生的个性特征及个性化需求运用这一教学法,这样才有一定的针对性,促进教学质量的提高。

在进行篮球教学过程中,体育教师运用这一教学方法需要注意以下几个方面的要求。

第一,体育教师要事先阐述本次篮球课的目的与任务,让学生做到心中有数。

第二,体育教师要依据学生的学习实际和运动基础合理制定教学方案。

第三,采用形成性评价和终结性评价相结合的方式对学生学习篮球的效果进行评价。

三、篮球教学方法的优化

(一)简便性原则

篮球教学方法是否科学和合理将直接影响教学效果,因此一定要选择与设计合理的教学方法并进行不断的优化。优化篮球教学方法的一个重要原则就是保证简便易行。这一原则要求体育教师对教学方法的实施步骤与程序进行简化,将不必要的操作舍弃,但不能破坏结构上的紧密性、协调性与连贯性,也不能对教学方法功能的发挥造成干扰,更不能影响教学效果。经过处理后的教学方法应更加精简、有效,这样才有利于实现篮球教学的目标。

简便性原则是篮球教学方法优化的一个重要原则,但不是唯一的原则,否则就容易导致评价的片面性,制约篮球教学目标的实现。因此,在优化篮球教学方法时,不能孤立地考虑简便性原则,还要与其他方面的原则结合起来。

(二)系统性原则

系统性也是篮球教学方法优化的一个非常重要的原则。在篮球教学中,贯彻与运用这一原则需要注意以下几点。

1. 教学方法本身的存在形式具有一定的系统性特点

(1)篮球教学方法的构成要素是有机联系在一起的,它们相互融合成为一个整体。

(2)篮球教学方法这一大系统中包含诸多的子系统,各个子系统具有一定的层次性特点,它们有序联系,密不可分,各自有各自的功能,发挥着独特的作用。

(3)教学方法中的各要素相互作用,为了实现同一个目标而结合在一起。

(4)篮球教学方法系统内部各要素相互联系,相互促进,综合利用往往能取得理想的教学效果。

2. 教学方法与环境的互动是开放的

大量的实践与事实表明,篮球教学方法的发展离不开与环境的开放式互动。教学方法与环境之间的关系越紧密,就越有利于自身的生存与发展。

总之,在优化篮球教学方法时,体育教师一定要严格贯彻系统性的基本原则,从整体上把握教学方法的优化,深刻认识到教学方法设计与优化的本质,这样才能设计科学合理的教学方法,促进篮球教学质量的提高。

（三）动态性原则

在一段时间里,教学方法具有一定的稳定性,但从整体上来看,体育教学方法还是呈现出动态发展的特征。因此在优化教学方法时需要遵循动态性的基本原则。在运用各种教学方法时,很多因素会对教学方法的实施及最终效果造成影响,这些教学方法会随着体育教学思想、体育教学内容的变化而不断变化,所以说优化教学方法还要充分遵循动态性的基本原则。这样才能跟上教学发展的形势,实现理想的教学效果。

需要注意的是,教学方法的优化要能被教学对象所接受,然后才能将其充分运用到教学实践之中,经过实践检验后被校正、修改,从而一步步趋于完善,这是一个长期的过程。教学方法优化后运用到教学活动中,最终效果会受到教学对象、教师自身素质、教学设施等多方面因素的影响。因此体育教师一定要把握动态性的基本原则,只有充分认识到这一点才能做好教学方法的设计与优化。

在具体的篮球教学中,我们不能机械化地对待每一种教学方法,要坚持动态发展的原则,善于选择、勇于创新,构建一个科学、完善的紧跟时代发展潮流的教学方法体系。这样才有利于篮球教学质量的提高。

(四)综合复用原则

体育教学方法属于一个大的系统,在这个系统内包含诸多要素。这些要素各有特色且相互联系,共同推动着系统的发展。因此,我们在优化篮球教学方法时就要贯彻综合复用的基本原则。也就是说,为了达到预期的篮球教学目标,必须从系统角度出发优化组合不同的教学方法或同一教学方法中的若干因素,使教学方法的综合功能得到充分的发挥。

综合复用这一原则能充分发挥各种教学方法的效用,对于篮球教学效果的取得具有积极的意义,因此在具体的篮球教学中,在制定与优化教学方法时一定要严格遵循这一原则。

不同的教学方法都有自身的方法域,方法域指的是制约和限定方法有效性、方法适用领域和范围的相对界限,它是标示方法适用领域和适用范围大小、宽窄的概念,是对方法适用领域和适用范围的总体规定,也是测定方法适用性大小的尺度。任何一种方法本身都是存在局限性的,方法域这一普遍现象正好说明了这一点。方法的局限性对方法本身的发展在一定程度上也是具有促进意义的,体育教学方法的变革与发展与其自身的局限性有一定的关系,正因为有局限、不完善,因此才要变革与优化,只有通过不断的变革与优化才能经得起时间的检验,这样的教学方法才值得大力提倡和推广。

教学方法不是固定不变的,而是随着时间不断变化的,这一变化具有一定的规律性,那就是原来的方法因为本身存在局限与不足之处,所以无法适应新的要求,满足新的需要,无法更好地实现体育教学目标,因此不得不对原来的教学方法进行改革,或创造新的教学方法,以适应教学发展的需要。

篮球教学属于体育教学的重要内容,要想实现篮球教学的任务和目标,就必须要在具体的教学过程中采用多元配套的教学方法。但在具体的教学实践中,因为体育教师没有充分认识到教学活动的复杂性,而习惯性地采用某种教学方法进行教学,导致难以取得理想的教学效果。因此一定要严格遵循综合复用的基本原则,将各种教学方法结合起来使用。

实际上,每一种教学方法都是独特的,都有自己的优势和不足,世界上不存在一种完美的普遍适用的教学方法,不同教学方法之间具有互补性,可以取长补短,利用这种互补性能够提高教学效果。综合复用原则就非常符合这一理念,只有坚持这一原则对教学方法进行优化与组合,才能很好地促进篮球教学质量的提高。

四、篮球教学方法创新的注意事项

(一)重视教学方法观念的创新

在篮球教学中,学生占据着十分重要的主体地位,学生可以说是教学的中心,一切教学活动都要围绕学生这一中心进行。作为一名体育教师,在篮球教学中必须要围绕学生这一中心着手来开展一切教学活动,安排各个教学环节,篮球教学方法的设计、选择与实施同样要以篮球这一学科的特点及学生的特征、需求为依据,这样才能保证教学方法的科学性和合理性。

在具体的篮球教学中,体育教师首先要明确教授的内容和通过实施这些内容要达到的目的,然后根据内容的特点、学生的特点以及要达到的目标来对教学过程进行安排,合理设计每个教学环节,在各环节将相对应的恰当的教学方法予以实施,保证各个环节教学工作都能有序开展,且都能取得好的效果。在整个教学过程中教师会创设一些教学情境,不同的教学方法适用于不同的情境,教师要明确哪些是主要的教学方法,哪些是辅助性的教学方法,将主要教法和辅助教法结合起来灵活运用,这样才能解决教学过程中的各种问题。

在当今信息化时代背景下,在具体的篮球教学中,还要充分考虑到各种科技因素。只有不断创新,才能激发学生学习的积极性,培养学生的创新能力,这是时代发展的必然,篮球教学理应也要跟上这一时代发展的潮流。

（二）合理编排教学方法

要想实现理想的篮球教学效果，体育教师还必须要合理编排教学方法。在具体的教学中要充分发挥教学方法的作用，尽可能地编排与选择合理的教学方法用于篮球教学之中。

在篮球教学中，体育教师实施教学方法，教学方法又作用于学生，从而将教师与学生密切联系起来，教学方法起到了重要的桥梁作用。由教学方法联系起来的教师与学生都是篮球教学活动的主要参与者和实践者，篮球教学效果一定程度上是由这两个主体所决定的，因此一定要注重这两个主体的发展。如果教师缺乏专业素养，学生缺乏学习热情和创造性，那么篮球教学质量都难以得到保证。

（三）扩展与改进教学方法

为提高篮球教学的质量和效果，体育教师还要结合具体的教学实际充分利用和发挥各种教学方法的功能，不断地扩展与改进教学方法，这是实现教学方法创新的一个重要措施，同时也是促进篮球教学质量提升的重要保证。篮球教学方法的实施效果受到很多主客观因素的影响，其中客观方面的影响因素中实际教学条件是一个不可忽视的因素，场地器材的数量、规格以及其他教学资源等教学条件都对篮球教学方法的实施效果起到举足轻重的影响。因此以上因素一定要充分考虑。

扩展与改进教学方法主要是将教学方法的功能和范围进行延伸，体育教师要在教学组织形式上下功夫，优化改革体育教学组织形式，如突破传统的按人数平均划分学习小组的分组方法，将学生的兴趣爱好、学习水平、运动基础等作为分组的主要依据，扩展教学组织形式，使不同兴趣爱好、不同学习能力的学生都能在新颖的篮球课堂教学中获得发展和进步。

在具体的篮球教学中，体育教师应结合具体的教学实际不断改进教学方法，充分利用各种信息化技术创造新的教学方法，进一步完善教学方法体系,这样才有利于篮球教学活动的顺利开展。

（四）重视新的教学技术的应用

在现代信息化技术背景下,各种科技手段在体育教学领域都得到了比较广泛的利用。因此,篮球教学也要紧跟时代发展的潮流,重视新的教学技术的应用。当前,先进科学技术在教育领域的应用非常普遍,科技推动教育发展的实效有目共睹,因此要继续发挥科技的优势,继续利用科技手段来提高与完善教育技术,使体育教学彰显出时代性、先进性、创新性。在具体的篮球教学中,体育教师可以尝试运用多媒体技术,引进学生喜闻乐见的多媒体手段,充分激发学生学习篮球的兴趣和积极性,促使其以饱满的精神状态投入到篮球教学之中。

第五节 选择合适的篮球教学模式

一、常见的篮球教学模式

（一）发现式教学模式

在篮球教学实践中,学生在体育教师的指导下进行各种技术动作的练习,在自练的过程中可以边做动作边思考,发现自己所做技术动作中是否存在不规范和不正确的地方,教师也可以在旁边加以辅导和提示,帮助学生建立正确的动作表象,形成正确的动作定型,准确无误地完成技术动作练习。

（二）主动性教学模式

发展到现在,"以人为本"的教学理念得到了充分的利用,在整个篮球教学活动中,学生是最为重要的主体,因此,主动性教学模式就是建立在学生这一主体基础之上的。

在具体的篮球教学实践中,通过主动性教学模式的运用,能潜移默化地对学生产生积极的影响,这一模式对于篮球教学质量的提高具有重要的意义和作用。

(三)领会式教学模式

在篮球教学中,领会式教学模式也得到了一定程度的利用。

二、篮球教学模式创新的注意事项

(一)大力培养学生的综合能力

篮球教学的价值非常丰富和多样,通过篮球教学不仅能增强学生的体质,丰富学生的体育理论知识,提高学生的运动技能,还能促进学生其他方面的能力的发展。这也是当今素质教育理念的要求。如果学生在篮球学习中只满足于学习篮球知识和掌握篮球运动技能,而不注重自身非智力因素的发展,那么他就很难适应当今社会发展的形势,难以跟上时代发展的脚步。因此,为了学生的长远发展,篮球教学必须加强对学生综合素质的培养,而在篮球教学模式创新的过程中也要充分考虑学生的全方面发展,这是一个非常重要的方面。

(二)注重篮球教学模式的科学化设计

篮球教学要保证其科学性和合理性,就要重视篮球教学模式的科学化设计。在篮球教学模式设计的过程中要将学校、学生、社会需求等方面有机结合起来,充分利用学校的资源优势,创新出符合学生学习需求的教学模式。

在现代信息化背景下,网络技术得到了广泛的运用,通过网络技术的利用,篮球教师能有效地提高自己的教学创造力,学生也能提高自己的自主学习能力,学生的主体作用能得到极大的发挥,学生的学习需求能得到极大的满足。通过网络技术的利用也能创造出符合时代发展和教学要求的篮球教学模式,这对于篮球教学质量的提高具有非常重要的意义。

(三)注重篮球教学模式实施效果的评价

作为一名合格的篮球教师,除了进行常规的教学活动外,还要具备各种能力,如教学组织与管理的能力、制定教学方案的能力、设计教学模式的能力等。能否设计出合适的教学模式将直接影响到篮球教学的效果。作为一名篮球教师,除了注重教学模式的设计外,还要重视对教学模式的评价,要充分了解教学模式的实施效果,促使其不断优化改善,这样才能促进篮球教学质量的提高。

第六节 运用多样化的篮球教学评价手段

一、篮球教学评价的目的与特征

(一)篮球教学评价的目的

1. 提高教师的教学水平

教学评价是篮球教学系统的重要内容,只有通过教学评价,教师才能清晰地认识到自身的不足,从而采取各种手段与措施解决问题,保证篮球教学活动的顺利开展。

2. 提高学生的学习兴趣

在篮球教学中,通过教学评价活动,体育教师能够获得自己想要的反馈信息,通过这些反馈信息,体育教师能清晰地认识到自己的教学水平,学生也能认识到自己的学习水平与不足,从而根据实际情况按部就班地进行教学或学习。

3. 提高教师的教学科研水平

篮球教学评价活动包含的要素非常多，要想取得理想的评价效果，就需要评价者事先搜集大量的数据和资料，这些数据和资料可以为研究者提供重要的研究依据。这对于体育教师设计教学方法、创新教学模式、制定教学方案等都具有重要的意义和作用。

（二）篮球教学评价的特征

1. 动态性特征

在传统教育背景下，我国的篮球教学思想非常陈旧，很长一段时间以来，我国都重视教师和学生的结果性评价。实际上，大量的实践与事实已经表明，这一评价方式欠缺客观性，不能很好地反映体育教学情况，需要结合其他手段使用。篮球教学效果的实现，要充分利用好教学评价，要充分考虑教学评价中的各项因素，获得客观与真实的评价结果。

2. 发展性特征

篮球教学评价的发展性特征是指篮球教学要以教学目标为根本出发点和落脚点展开具体的教学评价活动，这一点需要引起高度重视。这是因为离开了体育教学评价目标，整个评价活动就会无的放矢，显得非常杂乱。受传统教育观念的影响，对于体育教学而言，一切教学活动都是为了帮助学生提高学习成绩和提升运动技能。这种评价方式在现代社会背景下是比较落后的，不能很好地促进学生的全面发展。因此，篮球教学评价目标具有发展性的基本特征，我们也要本着发展的眼光看问题，力争创建一个科学和合理的教学评价体系。这对于篮球教学具有积极的推动作用。

第六章 新时代我国篮球后备人才教学体系的构建

3. 多元性特征

伴随着体育教育的不断发展,师生之间的联系越来越密切,这是学校教育发展的一个重要趋势。而在篮球教学中,教师和学生都是体育教学的重要主体,在这两个教学主体共同参与的情况下,往往能实现良好的教学评价效果。因此,篮球教学评价的设计与运用一定要注意评价主体的多元化,不能忽略了任何一方面。

在长期的教育背景下,我国以管理者为主的单一评价模式很长一段时间内占据着主流地位,在这一评价模式下,学生始终处于被动地位,甚至出现畏惧评价的心理现象,导致不能及时准确地发现问题,教师难以得到真实客观的评价结果。由此可见,构建一个教师、学生、家长等共同参与的多元评价体系是尤为重要的。只有如此才能促进篮球教学质量的提高。

4. 过程性特征

伴随着时代的不断发展,体育教学过程评价越来越受重视。这种评价形式是全程记录学生的学习与表现情况,实时分析学生的优点与缺点,针对学生的这些学习情况进行细致的分析,给予学生有针对性的指导,这非常有利于体育教师及时修改与改进教学方案或计划,有利于体育教学活动的顺利开展,有利于体育教学目标的顺利实现。

在平时的教学中,体育教师要密切关注每一名学生的学习情况,及时给予相应的评价。可以通过口头评价的方式及时评价学生的学习情况和情意表现,有效激发学生学习体育的兴趣,创建师生之间和谐的关系,这非常有利于体育教学评价活动的开展。

另外,学生也可以通过记录体育学习过程的方式及时发现自己的缺点和不足,从而对自己的学习做出客观的评价。还可以将学生平时的成绩与期末成绩相结合,不能只关注期末考试成绩,也要重视平时成绩,这种做法符合当今学校教育的要求,有利于学生的全面发展。

5. 多样性特征

尽管如今的教学评价手段和方法呈现出多样化的趋势,但并不存在一种万能的教学评价手段,每一种教学评价手段都有自身的优点和缺点。因此,这就要求体育教师在具体的评价活动中应以实际需要为主要依据,运用多种评价方式进行评价,以保证评价结果的准确性。如体育教师可以在平时的篮球教学中细致地观察学生的表现并做好必要的记录,对学生展开具有针对性的评价,为整个篮球教学活动提供真实客观的事实依据,确保篮球教学活动的顺利开展。

二、常见的篮球教学评价手段

(一)观察手段

在篮球教学中,观察也是一种重要的教学评价手段,通过对评价对象有目的、细致的观察,从而能获得大量的评价资料。这些评价资料对于评价者而言是极为珍贵的,这能为评价者进行评价活动提供真实的依据。例如,在篮球教学中,体育教师要想更好地了解学生的学习态度、学习情况,就需要深入学生之中进行实地观察,在获得翔实的资料和信息后为篮球教学提供真实客观的依据。

在篮球教学中,观察这一评价手段的利用,能使得体育教师获得评价对象的丰富的心理活动状态资料,从而为评价活动提供客观的事实依据。这种实地观察而获得的第一手的资料是其他评价手段难以实现的,因此这一评价手段受到体育教师的青睐。合理地利用这一评价手段对于篮球教学质量的提高具有非常重要的意义。

(二)问卷手段

在篮球教学评价中,问卷这一手段也较为常用。这一评价手

第六章 新时代我国篮球后备人才教学体系的构建

段是指评价者利用书面形式向被调查者提出预先设计好的问题,要求被调查者回答问卷中的各项问题,最终获得评价信息的手段。问卷这一评价手段主要是通过书面形式获取信息和资料的,评价者在制定问卷时一定要本着客观实际的原则进行,制定的问卷一定要具有可操作性,符合被调查人员的心理预期,便于他们进行操作。这一手段对于评价者获得客观的评价资料具有重要的作用。

问卷这一教学评价手段的特征主要体现在以下三个方面。

第一,评价人员的隐蔽性,问卷这一手段能很好地隐藏评价人员的信息,从而能确保调查信息的真实性和客观性。

第二,问卷取样的广泛性,问卷这一手段能有效提高获取信息的效率,同时还有着取样广泛性的特点,由于取样范围较广,因此得到的数据就更加具有代表性。

第三,问卷这一评价手段还具有时间范围可调节的特点,因此这一评价手段有着很强的灵活性,便于评价者操作。

(三)测验手段

测验是指利用考试、技评以及达标等途径,全面搜集学生的体育学习态度、体育学习行为的综合结果的重要途径。

在篮球教学评价中,测验这一评价手段主要包括以下几个方面的内容。

1.体育理论知识的测验

在具体的体育教学中,学生不仅要学习体育运动技术,还要学习体育常识、体育文化知识、竞赛规则、运动卫生等各方面的知识。对这几个方面的评价必不可少,通过对这几个方面的评价,能帮助体育教师清晰地认识学生的基本能力和水平。

2.身体素质测验

人的身体素质对于其体能发展而言具有重要的意义。在具体的体育教学过程中,身体素质的测验至关重要,要将这一方面的测验充分贯彻于体育教学过程之中,从而得出真实的客观依据。

3. 运动技术的测验

在体育教学中,少不了技术动作的习练,不论是一般技术动作的习练还是专项技术动作的习练,学生都要熟练掌握,并通过反复不断的练习提高运动水平。通常情况下,这一测验手段主要包括以客观测量数据为主要依据的客观测验和技术动作质量的技术评定两种形式。在体育教学评价测验手段中,这一测验形式是必不可少的。

4. 体育情感行为测验

与动物不同,人的情感是丰富多彩的,针对不同的情境人都会表现出不同的情感行为反应。学生在参加篮球教学活动中也会表现出不同的情感和行为,整个教学活动能否顺利进行,能否取得理想的教学效果也受到这些情感行为的影响,因此情感行为的测验也是一个非常重要的教学评价手段。

三、篮球教学评价应遵循的基本原则

体育教师在进行教学评价的过程中,除了会合理地运用教学评价手段外,还需要掌握一定的原则。这些原则主要包括全面性原则、科学性原则、指导性原则和客观性原则等几种。

（一）全面性原则

在篮球教学评价中,无论是哪一方面的评价都要做到全方位、多角度的评价,以避免出现以偏概全、以点代面的现象,只有这样才能得到真实客观的评价结果。篮球教学系统是一个由多因素组成的综合体,师生的评价要从多角度、多方面进行,任何一方面都不能忽视。

除此之外,篮球教学评价还要分清主次,主要矛盾和次要矛盾;综合利用各种教学评价方式进行评价,这样才能实现良好的评价效果。

(二)科学性原则

遵循科学性原则也是篮球教学评价的一个重要原则。这一原则要求评价者以客观规律为主要依据,确定一个合理的评价标准,得出良好的评价结果。这一原则要求评价者做到以下几点。

(1)篮球教学评价要以教学目标为主要依据,设计合理的评价标准。

(2)篮球教学评价要选择合适的评价工具,经过反复试验,在达到既定的指标后,才能在实践中应用。

(3)选择恰当的评价手段,保证评价结果的准确性和可靠性。

(三)指导性原则

指导性原则,是指在篮球教学评价中,将评价和指导有机结合,帮助评价者客观对待自己,从而展开有针对性的评价活动。严格贯彻这一原则对于篮球教学评价活动的顺利进行具有重要的作用。

贯彻指导性原则需要注意以下几点。

(1)评价者要搜集大量的与篮球教学评价有关的资料,要确保这些资料来源的可靠性,从而为接下来的教学评价奠定良好的基础。

(2)评价者要不断提升自身的能力和素质,做到及时反馈,指导明确。

(3)评价者要保证有一定的启发性,要留有余地和空间,一切以促进学生的发展为根本。

(四)客观性原则

在具体的篮球教学评价中,还要坚持从实际出发,选择合适的评价方法和标准。这就是篮球教学评价的客观性原则。如果违背了这一原则,就很有可能导致评价结果的不准确,这对于篮球教学质量的提高是不利的。

四、创新篮球教学评价的注意事项

为提高篮球教学评价的质量和效果,还需要加强篮球教学评价的创新,制定一个科学、合理的教学评价标准。在改革与创新教学评价的过程中,需要注意以下几个方面。

(一)不断完善篮球教学评价机制

建立一个良好的教学评价反馈机制对于篮球教学评价效果具有重要的意义。

在篮球教学中,还要制定一定的规章制度保证教学评价活动的顺利开展。需要注意的是,在建立相应的规章制度时,应总结以前的经验教训,同时还要听取各方面的意见,不断地完善各种规章制度,为篮球教学活动的顺利进行"保驾护航"。

(二)实施多方位评价

在当前,"以人为本"的教学理念已渗透进体育教学各个层面。在具体的篮球教学中,体育教师要做好全面的调查,详细了解学生的身体能力、运动基础和学习状况等,以学生的实际表现为主要依据展开具体的评价活动,这样才能保证篮球教学目标的顺利实现。

伴随着篮球教学活动的进行,教学目标也会发生一定的变化,体育教师就需要根据这一发展变化选择合适的教学内容和方法,合理地组织篮球教学活动。

(三)评价学生的标准由单一向综合转变

篮球教学系统涵盖各种要素,这些要素的发展都存在着一定的变数。在具体的教学中往往会出现这样一种情况,有些学生由于先天性的运动基础较好,不用好好学习就能取得理想的学习成绩。而一些先天条件较差的学生即使非常刻苦地学习也难以跟上那部分学生,这就会对学生产生消极的影响。因此,在具体的篮球教学评价中,一定要改变以往以单一的指标作为评价标准,评定学生的运动成绩时要综合考虑。

(四)综合运用过程评价与结果评价

以往的篮球教学评价存在着不少的问题,通常情况下,只重视学生学习结果的评价,忽略了学生教学过程的评价,这种评价方式难以获得真实的评价结果。在这样的评价手段下,难以激励学生积极主动地参与篮球教学活动。因此,我们要不断创新篮球评价方式,综合利用各种评价手段,将过程评价与结果评价结合起来进行。

在新的时代背景下,在互联网视域下,体育教师要学会利用多种评价手段。通过各种信息化评价手段得出合理的教学评定,并及时把评价结果反馈给学生,使学生全面地认识自己的学习能力和水平,这就是过程性评价。这种评价手段有利于端正学生对整个练习过程的态度,提高学生的练习积极性与主动性,对于那些先天身体素质较差但很努力练习的学生也是比较有利的,可促进学生的全面发展。

第七章　新时代我国篮球后备人才训练体系的构建

　　篮球训练是培养篮球后备人才的重要手段,它直接关系到篮球后备人才竞技能力的形成、提高以及综合素质的发展。构建与完善篮球后备人才训练体系,提高训练的科学性水平,可大大提高篮球后备人才的培养质量,为国家输送更多优秀的青少年篮球运动员。本章主要就新时代我国篮球后备人才训练体系的构建展开研究,主要内容包括篮球训练理论基础、训练手段与方法、训练模式、训练计划以及提升篮球后备人才训练水平的策略。

第一节　掌握篮球运动训练相关的理论基础

一、篮球运动训练的生理学基础

(一)需氧量

　　需氧量指的是维持人体正常生理活动的氧量。篮球后备人才在训练中不断增加运动量与运动负荷,机体需氧量也相应增加,从而不断提高训练水平和竞技能力,而如果在训练中氧气供应不足,容易出现氧亏现象,从而影响正常训练(图7-1)。

第七章　新时代我国篮球后备人才训练体系的构建

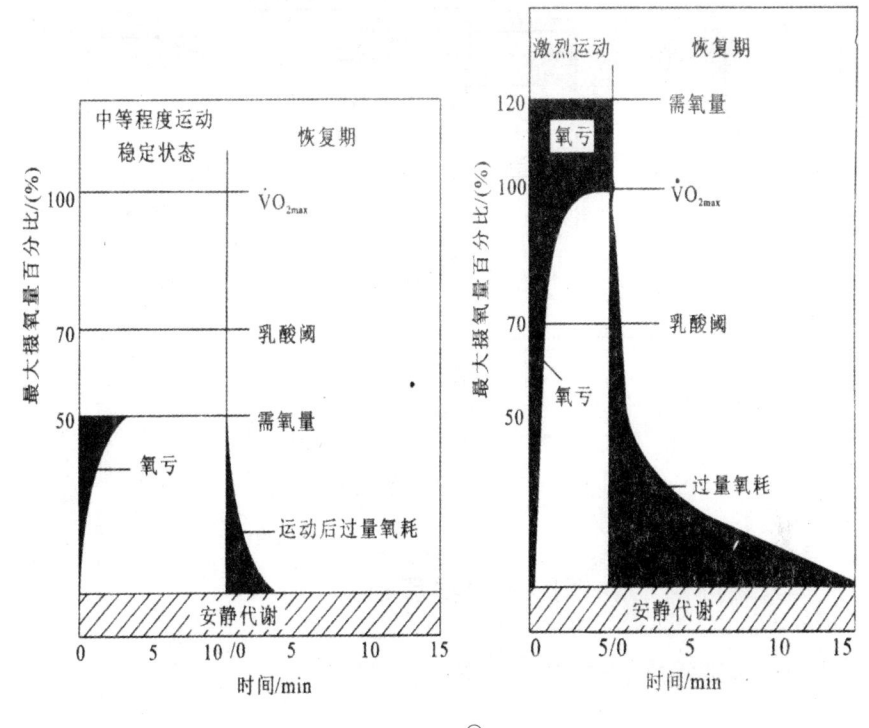

图 7-1[①]

（二）能量代谢

在篮球训练中，有氧代谢和无氧代谢系统共同发挥作用，但有效负荷时间指的是训练中最强负荷阶段的时间，如篮球后备人才在急停、跳跃、疾跑中获得关键分值。单纯从篮球比赛时间来看，机体以有氧代谢供能形式为主，但从有效攻防技术的有效负荷时间来看，以无氧代谢供能为主。因此分析篮球训练的能量代谢供能特点时，除了要考虑训练时间，还要从本质上把握有效负荷时间。

篮球训练中，能量代谢系统提供 ATP 的百分比与运动时间直接相关，无氧供能的强度随运动时间的缩短而提高，如图 7-2 所示。

---

① 封飞虎，凌波．运动生理学[M]．武汉：华中科技大学出版社，2014：26．

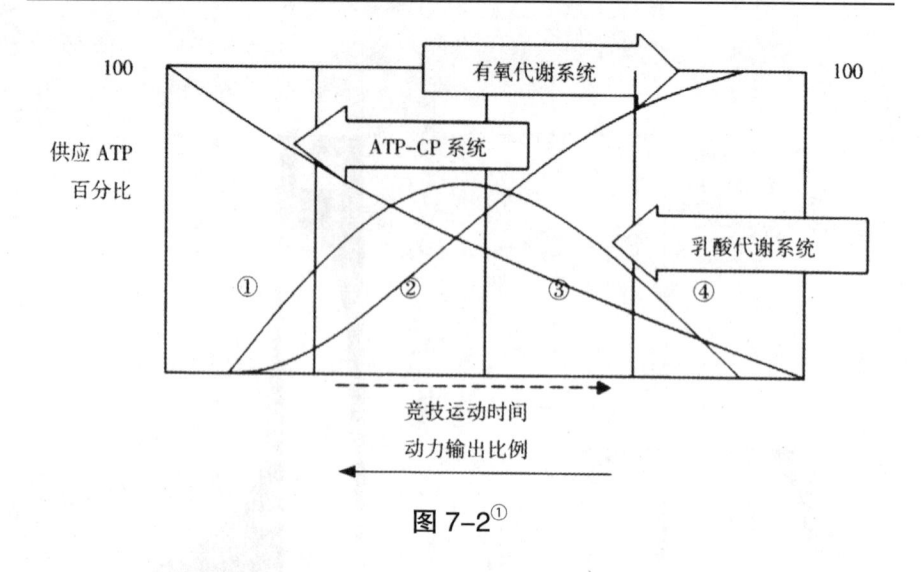

图 7-2[1]

二、篮球运动训练的心理学基础

(一)影响篮球后备人才训练的心理因素

1. 气质类型

人的气质和性格很大程度上是由其气质类型决定的,不同的篮球后备人才在篮球训练和比赛中表现出兴趣和性格特征的差异主要就是因为他们的气质类型有区别。篮球后备人才在训练中的心理状态也是其气质类型的一种映射。开朗活泼、乐观向上的运动员气质偏胆汁质,而适应性较差、缺乏自信、心态悲观的运动员气质类型偏抑郁质,可见篮球后备人才的心理素质与运动心理发展受其气质类型的影响非常明显。

2. 自信心

篮球后备人才在自我评价时偏向于肯定的一面,这是其有自信心的表现,篮球后备人才能否以良好的心理状态参加训练和比赛,与其自信心有很大的关系。如果自信心强,心理状态好,便容

---

[1] 封飞虎,凌波.运动生理学[M].武汉:华中科技大学出版社,2014:28.

易在训练或比赛中有更稳定的发挥与表现。在篮球后备人才训练中,心理训练很重要,培养与提升后备人才的自信心是心理训练的一个重点,这对于促进篮球后备人才运动技能和综合竞技能力的提升具有重要意义。

(二)篮球训练中心理疲劳及其发生机制

运动心理疲劳泛指情绪和体力耗竭感、成就感的降低和运动被贬值的综合表现。

1. 认知—情感应激模型

认知—情感应激模型是典型的心理耗竭模型,该理论指出,运动员在训练中的心力耗竭与应激有关,运动员在长期训练中如果无法适应应激,则会退出运动训练,这种不情愿主要体现在身体、心理及情感等方面。在认知—情感应激模型中,心力耗竭的产生主要分为4个阶段,如图7-3所示。

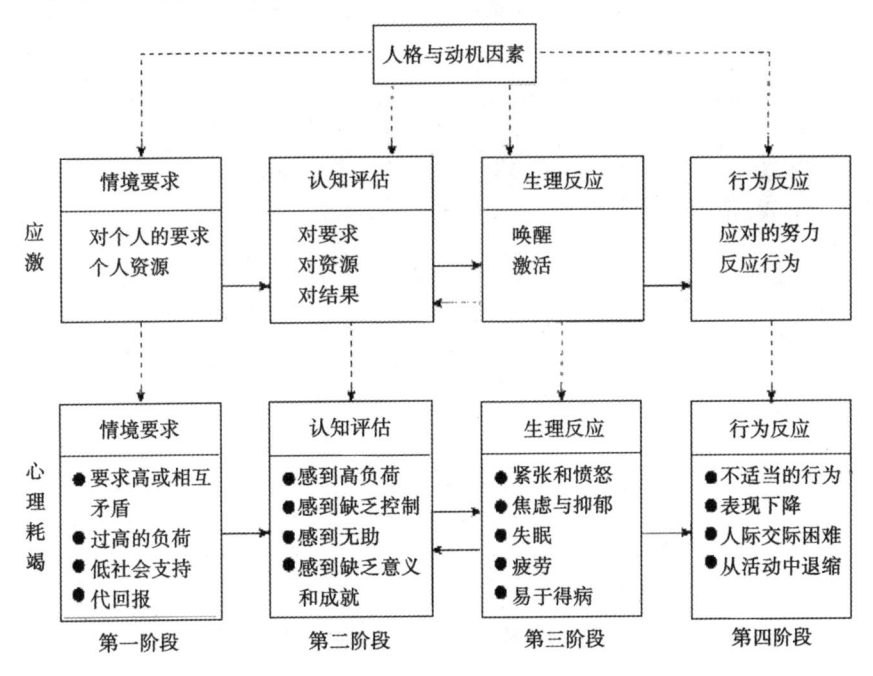

图7-3

篮球运动训练以提高运动成绩为目的,这就要求篮球后备人才必须尽快适应运动训练中的应激,否则容易引起心理疲劳,影响训练效果和身心健康。

2. 投入模型

运动心理疲劳产生的投入模型机制的基本理论是,运动员在运动训练中的投入和收获的评价直接决定是否继续参与训练,有些评价能够使运动员继续训练,而有些评价则使运动员因心力耗竭而无法继续参加训练,评价内容包括运动员在训练中的身心投入、付出代价、心理满意度及训练效果等。通过评价来预测运动员是否继续参加训练。

运动心理疲劳产生的投入模型如图7-4所示。

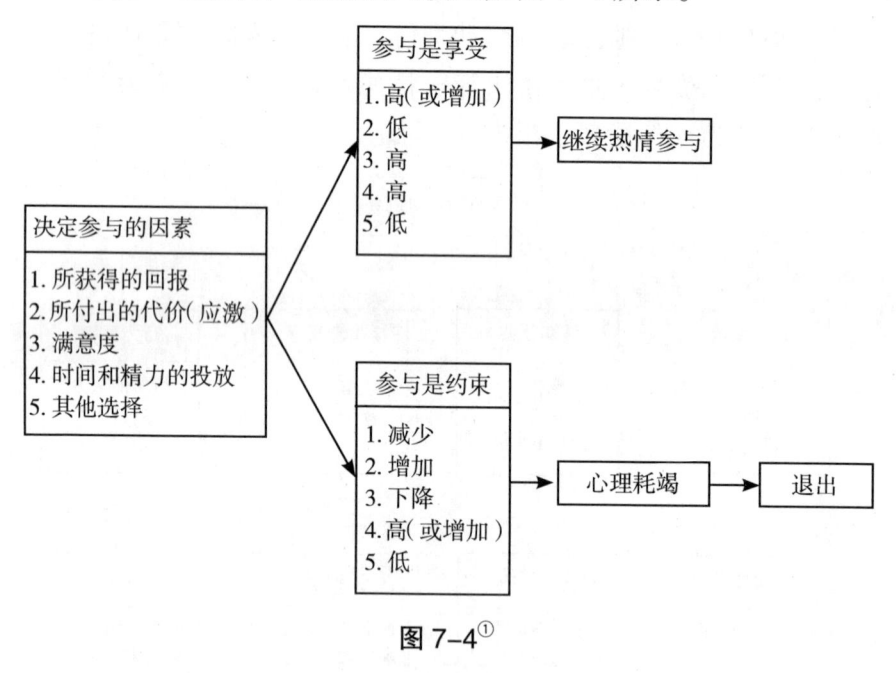

图 7-4[①]

(三)篮球训练中心理疲劳的干预

长时间的单一重复训练是导致篮球后备人才在训练中产生

---

① 孙少强,孙延林.运动心理学[M].天津:南开大学出版社,2006:42.

心理疲劳的一个重要原因。在篮球训练中,教练员安排的周期训练在训练内容、训练方法上基本没有新的变化,后备人才长期进行重复的训练难免会产生疲劳感和厌烦情绪,这不利于训练效果的提高。对此,教练员可多设计一些新颖的训练方法和训练手段,结合后备人才的兴趣爱好,融入青少年日常生活中熟悉的素材,进行又有趣又有效的训练,这样能够激发后备人才训练的积极性,使其更加专注训练,并能缓解后备人才的身心疲劳。

三、篮球运动训练的运动学基础

(一)人体运动系统的构成

1. 肌肉

肌细胞是肌肉的重要组成要素,同时也是肌肉的基本功能单位,由于肌细胞形状细长,所以也被称为肌纤维。骨骼肌是肌肉的重要形式之一,在人体内分布广,数量多,是人体运动系统的主体构成,骨骼肌的分布如图7-5所示。

2. 骨骼

骨骼是人体运动系统的重要组成部分,发挥着杠杆作用,使人能够灵活运动。骨骼的重要作用还表现为保护人体器官,储备微量元素,支撑身体等。

骨的分类方法比较多,一般按照骨的分布,将其分为四肢骨和中轴骨两大类,如图7-6所示。

3. 关节

关节是骨与骨之间的连接,主要作用是连接人体骨骼、支撑并保护人体等。关节能够使骨骼保持良好的稳定性和一定的灵活性,人体所有运动都是通过关节的活动实现的。人体各关节的活动形式如图7-7所示。

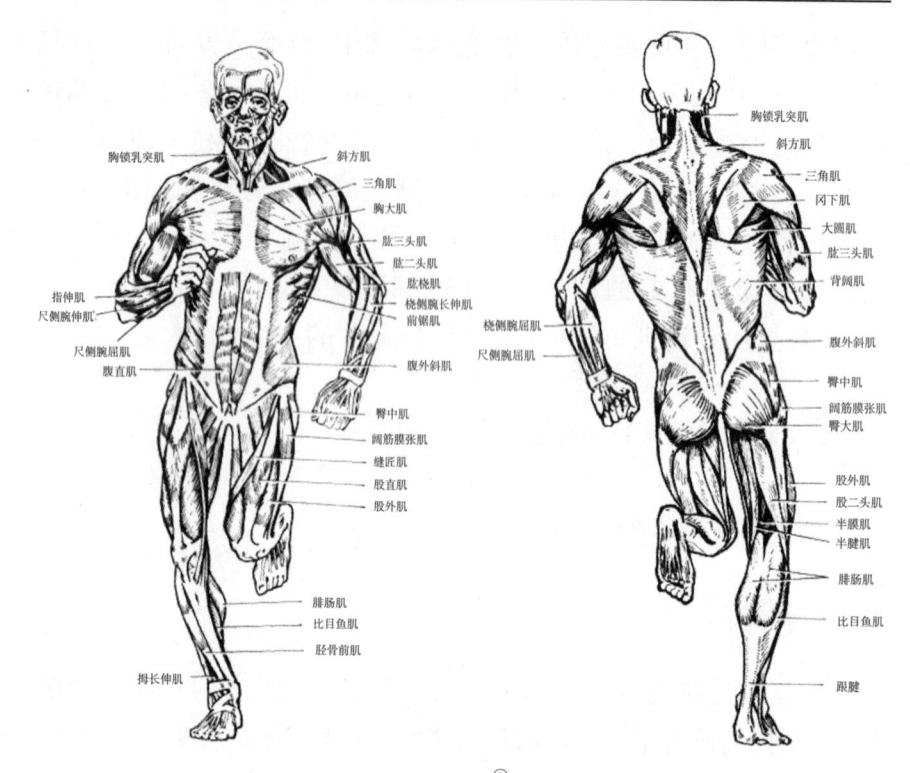

图 7-5①

$$
\text{中轴骨}(80\text{块})
\begin{cases}
\text{颅骨}(29\text{块}) \begin{cases} \text{面颅骨} \\ \text{脑颅骨} \end{cases}(22\text{块}) \\
\qquad\qquad\quad \text{舌骨}(1\text{块}) \\
\qquad\qquad\quad \text{听小骨}(6\text{块}) \\
\text{躯干骨}(51\text{块}) \begin{cases} \text{椎骨}(26\text{块}) \\ \text{肋骨}(24\text{块}) \\ \text{胸骨}(1\text{块}) \end{cases}
\end{cases}
$$

$$
\text{四肢骨}(126\text{块})
\begin{cases}
\text{上肢骨}(64\text{块}) \begin{cases} \text{上肢带骨}(4\text{块}) \\ \text{自由上肢骨}(60\text{块}) \end{cases} \\
\text{下肢骨}(62\text{块}) \begin{cases} \text{下肢带骨}(2\text{块}) \\ \text{自由下肢骨}(60\text{块}) \end{cases}
\end{cases}
$$

图 7-6②

---

① 王健.运动人体科学概论[M].北京：高等教育出版社，2003：56.
② 同上.

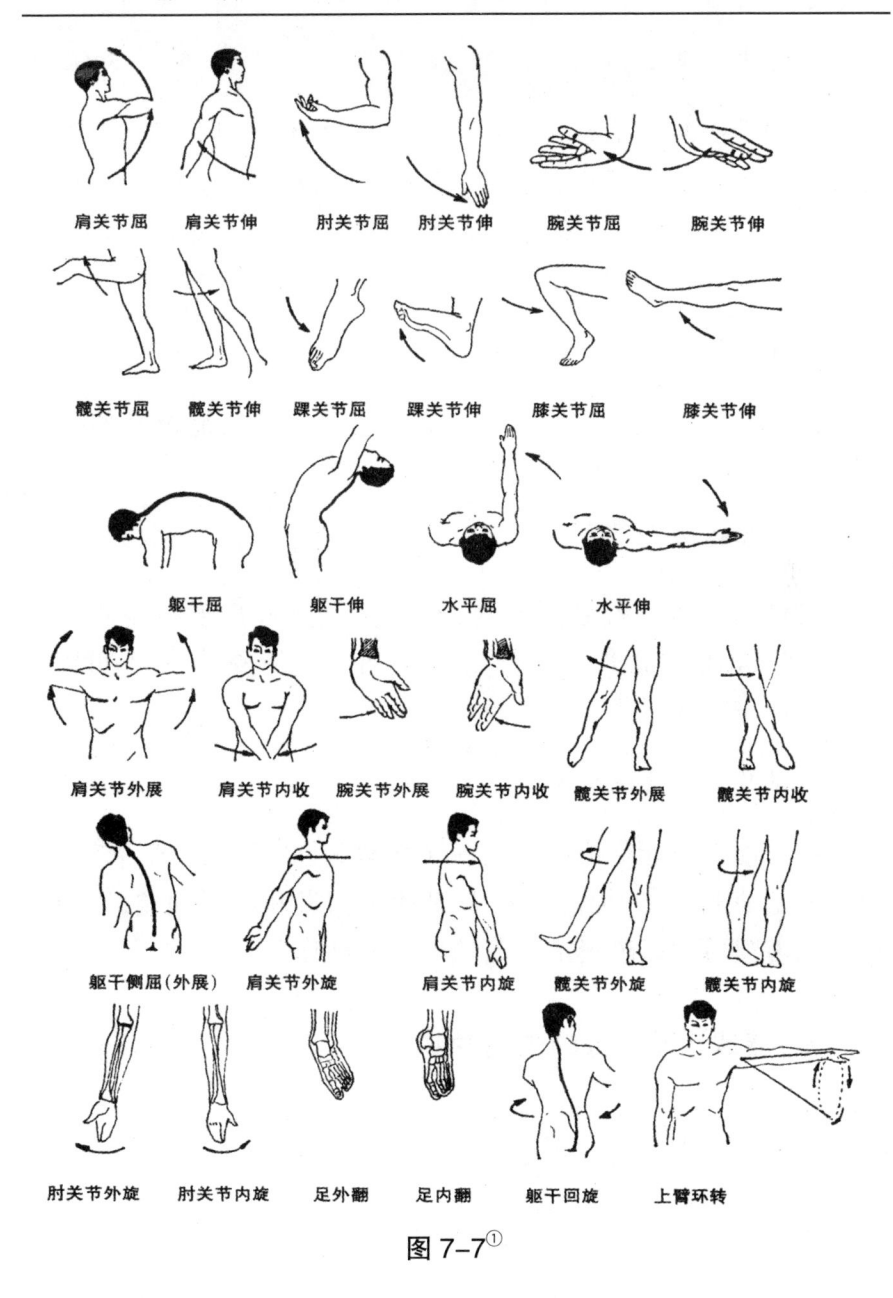

第七章　新时代我国篮球后备人才训练体系的构建

图 7-7[①]

(二)篮球运动技能形成理论

篮球运动技能的形成包括以下几个阶段。

---
① 王健.运动人体科学概论[M].北京：高等教育出版社，2003：57.

1. 泛化阶段

篮球后备人才在专项动作技能训练初期,经过分解示范和自身实践而逐步形成感性认识,产生对动作技术的初步印象,但由于未深入认识技术动作的内在规律,也没有形成稳定的条件反射机制,所以产生泛化现象。

2. 分化阶段

在分化阶段,篮球后备人才基本理解动作技能及其内在规律,并初步掌握运动技能。

3. 巩固阶段

篮球后备人才经过反复练习后,运动条件反射机制趋于稳定,动作技术的准确性、连贯性和欣赏性也有所提升,基本可以比较轻松地完成练习。

4. 动作自动化发展阶段

这是动作技能形成的最后一个阶段,在该阶段篮球后备人才应随时检查自己的动作质量,及时纠正错误和细节偏差,以免后期形成习惯后难以改正不规范的变形的动作。

四、篮球运动训练的工程学基础

篮球运动训练是一个完整而系统的工程,该工程主要包括篮球训练工程规划、篮球训练工程实施和篮球训练工程监控三个一级要素和相应的二级要素,分别如图7-8和图7-9所示。

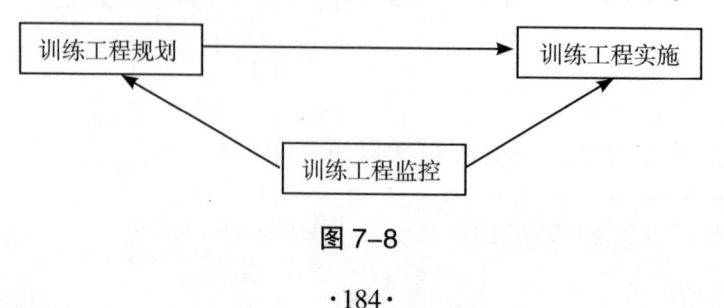

图 7-8

第七章 新时代我国篮球后备人才训练体系的构建

```
训练工程规划 → 训练工程实施 → 训练工程监控
    ↓                ↓              ↓
现实状态诊断  训练目标确定  训练计划制定  |  训练条件保障  训练方案实施  训练方案调整  |  计划质量评估  实施质量评估
```

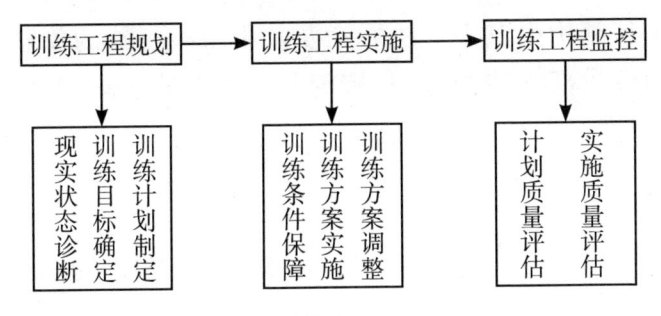

图 7-9

训练工程规划			训练工程实施		
A1 现实状态诊断	A11 运动机能诊断 A12 运动素质诊断 A13 技术能力诊断 A14 战术能力诊断 A15 运动心理诊断 A16 运动智力诊断 A17 竞技对手分析		B1 训练条件保障	B11 思想保障条件 B12 物质保障条件 B13 科研保障条件 B14 医疗保障条件	
A2 训练目标确定	A21 运动成绩目标 A22 比赛名次目标 A23 成绩相关指标 A24 过程检测指标		B2 训练方案实施	B21 具体训练任务 B22 主要训练内容 B23 训练组织安排 B24 负荷强度设定	
A3 训练计划制定	A31 训练过程分期 A32 阶段任务制定 A33 阶段内容设计 A34 方法手段选择 A35 负荷变化趋势		B2 训练方案调整	B31 具体训练任务 B32 主要训练内容 B33 方法手段调整 B34 负荷安排调整	

训练工程监控	
C1 计划质量评估	C11 成绩目标评估 C12 检测指标评估 C13 设计质量评估
C2 实施质量评估	C21 单元质量评估 C22 过程质量评估 C23 训练成绩评估

图 7-10[①]

构建篮球训练工程结构,需要在工程原理的指导下对工程系统中各组成要素之间的相互关系有所了解,如图 7-10 反映了篮

---

① 胡亦海.竞技运动训练理论与方法[M].北京:人民体育出版社,2014:75.

球训练工程结构中三个一级要素及若干二级要素的关联,这是篮球运动训练内部构造的体现,有助于促进篮球运动训练工程的有序运作,提高运作效率,提高训练效果。

第二节 选择合适的篮球训练手段与方法

一、常见篮球训练方法与手段

(一)完整训练

完整训练法是教练员指导篮球后备人才练习完整技术动作的训练方法。一般在篮球战术训练中采用这种训练方法。教练员运用这一训练法时要强调动作的完整性,要求后备人才理解各环节动作的内在联系。

(二)分解训练

将复杂的篮球动作按照一定的结构与逻辑合理划分成若干部分,然后逐一训练的方法就是分解训练法。采用这种训练方法可以降低训练难度,使篮球后备人才接受和学习起来更容易一些,也更清楚哪些动作是重点,并注意到动作细节。

(三)重复训练

重复训练法是反复多次进行相同训练的方法。重复训练的意义在于教练员容易发现篮球后备人才训练中的问题,帮助其及时改正错误,防止形成动作变形的习惯,同时也能使篮球后备人才在不断练习中更加熟练运用篮球技战术。

(四)比赛训练

运用比赛训练法主要是训练篮球后备人才的心理素质和综

第七章　新时代我国篮球后备人才训练体系的构建

合素质,使其更好地适应实战环境,积累经验,增强自信,为参加正式比赛打好身心基础和技能基础。

二、篮球训练方法手段的拓展

(一)想象法

在篮球运动训练中,让后备人才以想象的形式在大脑中演练篮球技战术,并重复演练,形成一套自动化的模式,这样在实际训练中对技战术的运用就会更加熟练,这就是想象训练法。在采用这一训练方法之前,篮球教练员要先对该训练方法的基本知识及运用方式进行详细的讲解,如想象训练的重要性、大脑演练方法、演练次数等。以单手肩上投篮这项技术的训练为例,教练员需先准确地示范这项技术动作,包括连贯完整的示范和分解动作示范,对于关键性的地方或细节和容易出错的地方,要特别强调,使篮球后备人才对整个动作环节和细节有所明确,之后再引导学生在大脑中想象与演练该技术动作。学生在想象和演练的同时,可以将大脑中呈现的动作进行语言上的表达,并随着大脑中演练的节奏而活动身体,对完成该技术动作时身体肌肉的收缩与放松及相互交替变化有真实的体会和感受,虚拟想象与实际活动的结合有利于篮球后备人才熟练掌握所学技术,从而取得良好的训练效果。

(二)游戏法

游戏训练是一种激发兴趣、提高专注力和参与度以及活跃气氛的训练方法。在篮球后备人才训练中采用游戏法有利于调动后备人才训练的积极性,营造良好的训练氛围,提高训练成效。因此,篮球教练员要善于在适合运用游戏法的训练内容中设计相关游戏,以定点投篮、抢篮板球这两项技术的训练为例,篮球教练员可按如下方法设计游戏。

将后备人才分为人数均等的两组,各组在篮球场上的两边罚球线位置排队站好,对各组应该投中多少个做出明确规定,为了活跃气氛,提升竞争性,两组选手无论谁投中后,全体队员都要将该选手所在组所投中的总次数大声喊出来。游戏开始,教练员吹哨发出开始指令,其中一组组排头选手原地投篮后迅速抢篮板,无论中与否,都要给身后的同组选手传球,然后自己排到队尾,按同样的方法继续游戏,直至两组所有选手都完成原地投篮,投中次数多的一组获胜,可采取一局定胜负赛制或三局两胜赛制,视具体情况灵活安排。对于落败的一组可采取一定的惩罚方式,但要注意适度,主要是为了增加训练的乐趣,提高后备人才的竞争意识和斗志,并培养后备人才的集体主义精神和集体荣誉感。

(三)领会法

在培养篮球后备人才专项认知能力和技战术意识方面可采用领会训练法。经过领会训练,篮球后备人才对篮球专项运动的认识更加全面、深刻,参与训练的兴趣也会提升,训练积极性的提升更有利于篮球后备人才在篮球体能、技战术及心智能训练中取得理想的效果。

第三节　设计合理的篮球训练模式

一、篮球训练的互动模式

(一)构建互动模式的意义

青少年篮球后备人才正处于运动员职业生涯的起步阶段,同时也是为将来发展成为优秀篮球运动员打基础的关键阶段。现阶段,很多青少年篮球后备人才对篮球训练的理解不够系统、全面和深入,对篮球的认知还不够成熟,这也在一定程度上制约了他们在篮球训练中的表现。依据优势理论,青少年有表达自己特

第七章 新时代我国篮球后备人才训练体系的构建

长与优势的心理需要,有被别人肯定与赞扬的期望,面对自己喜欢的东西自愿投入时间与精力。处于青少年时期的篮球后备人才在篮球训练中同样有这些心理需求和心理特征,如果不能满足他们的内心需要,他们就不会投入百分百的热情与精力来参与篮球运动训练。但青少年篮球后备人才的训练在内容上基本稳定、统一,所以应该主要通过转变训练模式来激发青少年的积极主动性,鉴于此,构建互动模式并将其运用到青少年篮球后备人才的训练中具有重要意义,具体表现在以下几个方面。

1. 改变单向训练模式

教练员按计划展开训练工作,指导运动员训练,运动员听教练员口令来练习,完成教练员布置的训练任务,这便是传统的篮球训练模式。这个传统模式有一个明显的问题,即占主导地位的教练员发号施令,运动员被动练习,二者之间缺乏互动性,而以教练员的单向输出为主,这是运动员缺乏训练热情的一个重要原因。例如,在篮球运动员弹跳技能的训练中,教练员规定不同方式的跳起摸高练习的次数和组数,运动员按口令练习,在这个过程中教练员很少会分析运动员在这方面的优势、分析不同组的队员有哪些差异,而且很少主动与队员互动,听听队员在训练中的感受和建议,没有反馈的训练很难取得持续性的进步。这就有必要构建互动训练模式,弥补单项训练的弊端和不足,使队员之间、队员与教练之间进行多层面的互动与交流,使队员充分展示自己的优势与特长,提高他们训练的主动性与积极性,进而提高训练效果。

2. 使专项训练融会贯通

在传统篮球训练中,专项体能、专项技战术的训练基本都是独立开展,没有形成统一体,各训练内容之间缺乏有机联系,不利于为最终的比赛配合而打基础和服务。对此,教练员要主动打破这种独立训练的传统模式,增加各项训练之间的联系和融合,在一个大的训练系统中灵活安排各项训练,提高队员的综合技能和整个团队的整体能力。各项训练最终都要服务于比赛,所以模拟比赛也有助于强化各项训练之间的联系,还能使运动员发现自己的不足,及时弥补与完善,提高综合篮球竞技能力。

3. 促进队员相互学习

每个青少年篮球后备人才的体能情况、运动基础、专项技战术能力都有自己的特点,也都有自己的特长和不足之处,而篮球是集体项目,整个团队的能力决定比赛结果,所以要在训练中以提高每个队员和整个团队的竞技能力为目的,加强队员之间的互动与沟通,实现优势互补,取长补短,建设一支整体水平高、综合素质强的优秀篮球后备人才队伍。互动训练对篮球后备人才来说是和队员与教练员交流、学习的好机会,互动训练给后备人才带来的好处是潜移默化的。有的篮球后备人才体能强,而且技战术运用也很熟练,有的后备人才相对落后,可能与起步早晚有关,在体能和专项技战术上没有表现出突出的地方,但是有天赋,有可塑性,有继续培养的必要,不同水平的篮球后备人才相互交流、切磋,学习队友的技巧和经验,弥补自己的不足,共同进步,共同为提高整个团队的竞技能力而努力,共同为本队在比赛中取得胜利而服务,在为团队争取荣誉的同时实现自我提升和自我价值实现的目标。

(二)构建互动模式的方法

在篮球后备人才训练中构建实用有效的互动模式,可采取以下几项措施。

1. 科学安排各训练内容的比例,成立互动小组,赛练结合

在篮球运动训练中构建互动模式,尽量不要破坏原计划中的训练内容,模式化改革应该体现在对各项训练内容的安排上,要灵活变化,提高各项训练的效果。从青少年篮球后备人才的身心

特征出发,可以将篮球互动训练模式初步设定为基础训练+实战,这样队员之间就有更多机会来互动和交流了。安排基础训练这方面的内容时,应合理划分各部分的比例,避免训练内容过于单一,体能、技术、战术、心理、智能的训练比例要适宜。

模拟实战要结合每次训练课的训练内容而设计,争取使篮球后备人才在本节课上及之前训练课中所掌握的篮球技能在实战中实现融会贯通,提高其对篮球技战术运用的熟练性。教练员也可以从不同后备人才的优势和不足出发合理划分训练小组,每组成员可以优势互补,互通有无,通过互动学习实现共同进步与提高。不同小组之间也可以密切互动,相互学习,但更多的是在实战中看到对方的长处,并主动学习讨教,小组之间既可以是合作学习关系,也可以是竞争对抗关系,把握好这两种关系,灵活安排训练,可有效培养篮球后备人才的专项技能和实战能力。

在每次训练课结束前,教练员鼓励每位受训者谈谈自己在本次课上的收获和心得,主动与他人分享自己的技巧与经验,并认识到自己的不足,主动向队友或教练员请教,也可以以小组的形式相互讨论和交流心得,通过这种互动模式使青少年篮球后备人才对自己的训练目标和努力方向更加明确,激发斗志与进取心。

2. 以案例促进互动

青少年篮球后备人才训练主要是以身体素质训练和技战术训练为主,运动训练贯穿整个训练活动中,长期进行运动训练会影响青少年篮球后备人才对运动训练的持续兴趣与积极性,因此教练员要适当地将生动精彩的案例引进训练中,使青少年的注意力更持久,而且篮球专项训练中引入案例有助于提高训练效果。教练员要通过引进案例来对篮球基础训练与专项训练的意义及重要性进行详细诠释,使青少年深刻认识基础训练与专项训练的内容,掌握适合自己的训练方法。

教练员引进案例要掌握一定的技巧,要根据训练内容而在恰当的时机引进相应的生动案例。例如,篮球专项力量训练中,教练员要掌握肌肉收缩规律,在科学原理下指导青少年训练,促进其肌肉收缩能力的增强,使其将尽可能多的肌肉组织参与到训练中;培养青少年的篮球意识比较困难,要在变幻莫测的对抗环境下培养其进攻和防守意识,对青少年后备人才的反应能力、观察力、灵敏性、集体意识都有较高的要求。对于这些难度较大的训练内容,可将精彩生动的比赛案例引进训练中,选取相关片段,组织青少年观看案例视频,并分组讨论,与青少年互动交流,使他们学习优秀运动员的经验和精神,坚定只要刻苦训练就能取得理想效果的信心。

3. 组织丰富有趣的互动性活动

在青少年篮球后备人才的基础训练和专项训练中,要遵循多元化训练原则,为促进教练员与运动员之间的互动及运动员和运动员之间的互动开辟多元化渠道,使青少年篮球后备人才抓住互动机会,向教练员和队友学习经验和技巧。

组织具有互动性的活动有助于在青少年篮球训练中构建互动模式。例如,可以将拓展训练引进青少年篮球训练中,通过这类活动对青少年战胜自我的信心和团队协作能力进行培养,将青少年个人及整个团队的潜力激发出来。也可以加入一些有趣的心理训练方式,培养青少年篮球后备人才的良好心理素质。

此外,国内外青少年篮球友谊赛、对抗赛等实战对抗形式有助于促进国内外篮球文化的互动,能够使青少年积累丰富的经验,弥补自己的不足,提升自己的专业水平。

二、篮球训练的体教结合模式

体教结合是当前我国体育乃至世界体育的一个重要发展方向。我国在培养竞技体育人才方面非常重视对体教结合模式的构建与运用,为了真正落实体教结合理念,国家出台相关政策、建立相应制度,有序推进各项工作,保障体教结合工作的顺利开展,

第七章 新时代我国篮球后备人才训练体系的构建

促进体育资源与教育资源形成合力,培养全面发展的体育人才,这有助于推进我国体育事业的可持续发展。在青少年篮球后备人才训练中构建体教结合模式,在体育系统与教育系统同步推进青少年篮球运动员培养工作具有重要意义,并将两个系统充分结合起来,提高人才培养质量。具体来说,构建体教结合的训练模式可从以下几方面进行。

(一)普及与提高相结合

构建体教结合模式,培养青少年篮球后备人才,要贯彻普及与提高相结合的原则,先面向群众普及篮球运动,打好基础,重视对基层篮球组织机构的建立,面向社区广大青少年开展形式丰富的篮球活动,鼓励社会企事业单位为篮球竞赛投资,推动社会青少年篮球竞赛的合理运作,将更多的青少年吸引到篮球运动中来,促进篮球后备人才选拔范围的扩大,再促进各级学校篮球教育的衔接,建立覆盖各级各类学校的一条龙训练体制,对学校篮球教学与训练进行改革与完善,促进青少年竞赛制度的健全与完善,建立相应的联赛体制,充实后备人才备选库,提高后备人才培养质量。

(二)保证后备人才的进出渠道畅通

篮球后备人才选拔和输送是篮球运动员的"入口"与"出口",是主要的进出渠道。当前,我国篮球后备人才选拔和输送都面临一定的困境,导致运动员进出渠道受阻,在体教结合模式的构建中要解决这个问题,防止篮球后备人才训练和输送出现"断层",实现各级培养单位的有机衔接。

此外,造成我国篮球后备人才进出渠道受阻的原因还与各地招生的地域限制有关,这导致传统体育学校无法顺利招到有天赋的篮球苗子,而篮球可塑之才无法进入好的学校接受训练,造成了人才流失。针对这个问题,要适当打破地域限制,不同地区在招生上要做好衔接工作,避免人才流失,保证篮球后备人才选拔和输送渠道通畅无阻。

（三）建立信息系统，方便人才输送

针对青少年篮球运动员建立网络信息系统和档案系统，是为了更便捷地掌握青少年篮球后备人才的信息，对其发展情况有清楚的了解，从而进行针对性强化训练，提高人才培养质量，最终为我国输送优质篮球人才。

三、篮球训练的小型比赛模式

在青少年篮球后备人才训练中建立小型比赛训练模式具有重要意义，具体表现在以下三个方面。

首先，在篮球实战对抗中获得真实的反馈信息，检验训练计划的科学性，从而进一步调整和完善篮球技战术训练计划。

其次，篮球后备人才在小型比赛中接触球的机会是比较多的，这可以使青少年后备人才对自身篮球技战术的掌握及运用能力有更好的了解，从而对自己接下来的训练重点有所明确。

最后，青少年在比赛中可以对自己的角色、职责有更清晰的认识，从而秉着高度负责和为团队荣誉而战的信念完成自己的任务，和团队成员默契配合，使每个集体战术都发挥出良好的功能。

小型比赛最显著的特点就是参赛人数少，双方正面交锋多，对团队配合和两队对抗要求高，队员有很多机会可以接触到球，而且具有娱乐性，也不失专业性。和专业篮球赛事相比，小型篮球比赛的组织形式、比赛内容以及最终效果是没有什么区别的，但小型比赛更生动有趣，兼具娱乐性和专业性，所以对青少年篮球后备人才而言更适合。

在篮球训练中开展小型比赛活动，在赛练结合模式中加入正式比赛的元素，能够发现青少年篮球后备人才在实战中表现出的优势和不足，从而进行针对性的指导和训练，有效提高青少年篮球训练的效果。

第四节　制定完善的篮球训练计划

一、篮球训练计划的制定原则

制定篮球训练计划,要贯彻下列几项原则。

(一)现实性原则

制定篮球训练计划要先科学诊断篮球后备人才的训练状态,要立足这一现实基础来制订计划,本着解决训练问题,提高篮球后备人才运动水平的现实目标去制定。篮球后备人才的现实情况是制定计划、明确训练目标的基础,只有先了解现实和基础,才能将训练方向和计划确定下来。

(二)层次性原则

制定篮球训练计划,要从多年训练的宏观计划开始,再到全年和阶段的中观训练计划,最后落实到周和课的微观训练计划,这三个层次相互联系,衔接密切,在计划制定中要层层推进,要对各层次训练计划的关系予以考虑,要从纵向和横向上充分把握各个训练环节的训练要素,如训练内容、训练方法、负荷安排等,促进各层次训练的有序衔接和充分互补,以最大限度地提高训练实效。

(三)适宜性原则

适宜性原则指的是制定篮球训练计划时,训练目标要适宜,不能过低或过高,不能与现状不符,不能不与专项结合。脱离现实和不适应专项需要的过高或过低的训练目标都是不适宜的。因此,教练员必须建立在对篮球专项特征、篮球后备人才运动能力、学校或俱乐部训练条件、未来参赛计划等多方面因素加以考虑的基础上来预测和确定训练目标。训练目标的达成度是判断训练计划好坏的一个关键指标，因此，在这方面要有高度的预见性，确保训练目标适宜，然后在适宜目标下对训练内容与方法予以安排和控制，保证最后能够顺利完成已制定的适应目标。

（四）方向性原则

制定篮球训练计划，要将计划中的各项要素明确下来，包括训练目标、训练任务、训练内容、训练方式、运动负荷等，其中训练目标为后面要素的确定提供了方向，训练目标外的其他要素的设计要符合训练目标，不能与之相偏离，如此才能使训练计划顺利落实，才能充分发挥训练计划的作用，按计划培养与提高篮球后备人才的竞技能力与综合素质。

（五）可评价性原则

鉴于篮球运动训练是一项持续时间长且过程复杂的工程，因此在将训练计划投入实施前必须对其可行性、价值意义进行评价与论证，并在实践中灵活调整、不断完善，以提高训练效果，使预期训练目标顺利达成。

二、各类型篮球训练计划的制定

篮球训练计划包括以下几种类型。

（一）多年训练计划

篮球多年训练计划实际上是整个篮球训练的总体规划，计划中要明确训练目标、训练任务、比赛安排、年训练任务、训练策略、技术指标、训练效果测评、考核等内容。

第七章　新时代我国篮球后备人才训练体系的构建

(二)全年训练计划

制定篮球全年训练计划,应根据篮球后备人才的基本情况,在总结上一年训练的基础上提出本年度训练内容和具体要求,同时应重视对训练工作的监督,以保证实现训练总目标。

全年训练计划包括单周期、双周期、多周期三种类型,不同类型计划的训练任务见表7-1。

表7-1　全年训练计划任务[①]

计划类型		时间跨度	基本任务
年度训练计划	单周期	6～12月	准备并参加1次(组)重要比赛
	双周期	每周期4～6个月	准备并参加2次(组)重要比赛
	多周期	各周期3～5个月	准备并参加3次(组)以上重要比赛

全年训练计划表的格式参考表7-2。

表7-2　全年训练计划表[②]

运动队_____ 性别_____ 年龄_____ 训练年限_____ 主要任务_____

类别	运动员状态分析	训练的目标状态
运动成绩		
技术		
战术		
形态		
心理		
智能		

---

① 徐伟宏.篮球队伍管理与心理训练[M].北京:知识产权出版社,2013:58.
② 同上.

续表

类别		运动员状态分析	训练的目标状态
课次			
时期		准备期	比赛期	过渡期
阶段				
比赛任务				
负荷变化趋势				
恢复措施				
检查评定时间、内容				

（三）阶段训练计划

阶段训练是全年训练中特定时间范围内的训练。制定篮球阶段训练计划要保证各个时期训练的衔接。计划中要明确训练任务、训练内容和训练负荷（表 7-3）。

表 7-3　阶段训练计划表[①]

____队____阶段训练计划			主教练：____			
上阶段训练情况简要分析						
本阶段训练任务与重点						
训练安排		类别	训练内容	训练方法	训练单元	比重
	体能训练	一般				
		专业				
		技术				
		战术				
比赛安排		比赛名称				
		名次指标				
训练负荷曲线	大中小　————量　----强度　周					

---

① 徐伟宏.篮球队伍管理与心理训练[M].北京：知识产权出版社，2013：32.

续表

____队____阶段训练计划		主教练：____	
训练进度			
备注			
		制定日期：	年 月 日

（四）周训练计划

篮球周训练计划要求运动员完成主要任务的同时，考虑训练的系统性和各训练周间的关系。要合理交替安排各训练周的训练内容及训练负荷，避免负荷过于集中而引起过度疲劳。一般采取表格形式记录周训练计划（表 7-4）。

表 7-4 周训练计划表[①]

日期：	年 月 日至 年 月 日			
训练阶段：	第 周 训练周类型：			
周训练任务				
星期	训练任务	训练内容及手段	训练负荷	恢复措施

（五）课时训练计划

课时训练计划是对一次训练课的具体安排，包括准备部分、基本部分、结束部分，要明确各部分训练的内容、形式、时间、方法、要求、负荷等要素。一般用表格形式列出课时训练计划的内容（表 7-5）。

[①] 徐伟宏.篮球队伍管理与心理训练[M].北京：知识产权出版社，2013：36.

表 7-5　课时训练计划表[①]

日期： 　年　月　日　　地点：				
训练任务：				
课程结构	训练时间	训练内容与方法	训练形式	训练负荷与要求
准备部分				
基本部分				
结束部分				
小结：				

第五节　寻求促进篮球后备人才训练水平提升的策略

一、当前我国篮球后备人才训练现状分析

（一）训练体系有待完善

目前，在我国青少年篮球运动训练中存在一个明显的问题，即教练员面向青少年这类训练对象采取的训练模式和面向职业篮球运动员这类训练对象所采取的模式无异，或者直接将职业球员的训练模式照搬到青少年训练中，这是不科学的。青少年身心发展规律、特征和职业球员还是有区别的，他们的一般身体素质和专项身体素质与职业球员相比还是有差距的，因此照搬职业篮球运动员训练模式来训练青少年篮球后备人才是不现实的，不从青少年实际情况出发而盲目采用大强度训练方法，容易增加运动损伤发生的可能性，也会使青少年产生畏惧和紧张心理，导致其失去训练的兴趣和信心。

（二）训练内容有缺陷

在我国青少年篮球后备人才的训练中，训练内容宽泛也是一

---

① 徐伟宏.篮球队伍管理与心理训练[M].北京：知识产权出版社，2013：59.

第七章　新时代我国篮球后备人才训练体系的构建

个明显的弊端。有针对性地安排训练内容,实施精细化训练,这是提高青少年篮球训练效果的重要举措,而如果训练内容过于宽泛,则会使训练重点模糊,不利于青少年篮球后备人才重点技能的培养与提高。

此外,在青少年篮球训练内容安排中也存在不切实际、漏洞多的问题,没有针对不同层次和水平的青少年设置层次化的训练内容,导致基础差的青少年跟不上训练节奏,基础好的青少年提不起兴趣,最终都影响了训练的积极性。

在篮球训练课上,体能、技术训练内容占了绝大多数,单一化训练设计影响了青少年的训练热情和积极性,长期重复同样的训练内容难免会使青少年产生疲劳感和厌倦心理。青少年活泼好动,思维跳跃性大,喜欢充满新鲜感的事物,如果长期接受单一的机械性训练,他们的心理需求是得不到满足的,最终只会消极应付训练任务,影响训练质量和人才培养质量。

鉴于篮球训练内容的缺陷与问题,必须重视对训练内容的更新与优化,增加新的训练内容,或者以新的训练方式来实施训练内容,给青少年以新鲜感,增加训练的乐趣,提升青少年训练的积极性。

(三)忽略了心理训练

当前我国篮球运动发展对青少年篮球后备人才的综合素质提出了全面的要求,青少年在篮球训练中不仅要训练身体素质和篮球技战术,还要训练心理素质,而且必须对心理素质的重要性有正确的认识。篮球实战对抗中,关键时刻运动员的心理素质决定着比赛胜负,身体素质强、技战术水平高的运动员如果缺乏良好的心理素质,在比赛中失误频发,就会影响比赛成绩。但是心理训练在我国青少年篮球训练计划中所占的比例很少,不管是专门的心理训练还是在其他训练中融入心理训练,现实都不乐观,这反映出心理训练不受重视的现状。

二、提高篮球后备人才训练水平的科学策略

（一）增加对抗性训练

青少年篮球后备人才接受篮球训练，主要是为了在实战比赛中充分发挥技战术，取得理想的比赛成绩。因此，在日常训练中增加对抗性训练非常重要。现阶段，我国学校作为培养篮球后备人才的重要渠道之一，在人才培养中安排了篮球教学课与训练课，但实战课很少，主要原因是避免学生在实战中受伤，而且组织实战对学校体育条件提出了一定的要求，不具备条件的学校往往会放弃组织实战。但要提高篮球后备人才的篮球技能水平，必须为其提供参与对抗性强的实战训练的机会。

在对抗性训练中，教练员要注意根据后备人才的运动水平和身体水平来分组，对抗双方的水平要相当，不能相差太大，分组对抗中对于表现好的一组要给予奖励，以提高篮球后备人才的训练积极性。适当增加对抗性训练对提高篮球后备人才的专项身体素质、比赛适应能力、技战术运用能力、心理素质、篮球意识等都有重要意义，进而有助于培养优秀的篮球人才，提高我国篮球竞技水平和综合实力。

（二）加强实战训练

篮球比赛的竞争十分激烈，这个竞争既是体力和技战术的较量，也是智慧的较量，既需要运动员体质好、毅力强、技战术水平高，也需要团队对抗性强、合作默契、团结一致。篮球训练是为了迎接实战而展开的工作，从时间上来看，训练在前，实战在后，二者是相互分离的状态，但脱离实战的训练不利于培养篮球后备人才的自信心，不利于培养整个团队的协同作战能力和协作配合意识，如果一个篮球队的成员各自都有很突出的技能水平，但缺乏集体意识和配合技巧，那么也难以在比赛中获胜。所以，结合实

第七章 新时代我国篮球后备人才训练体系的构建

战进行日常篮球训练,强化篮球训练的实战化,使篮球后备人才抓住每一次实战机会,能够培养他们的自信心和竞争意识,培养其集体主义精神和团体协作能力。一个有默契、懂配合、将集体利益放在个人利益前面的团队在赛场上是令人尊敬和称赞的。

（三）适当应用新技术

篮球后备人才的训练与提升需要教练员的科学引导。学校篮球教学与训练中存在的问题是平时不重视篮球教学与训练,只希望学生在最后的考核中过关即可,以考试成绩作为衡量学生篮球水平的指标,这导致学生在平时的训练中不够用心和投入,自由散漫,没有规划,没有认识到这对其未来职业生涯的重大影响。这种现象严重阻碍了篮球后备人才的成长与职业运动生涯,因此必须改革学校篮球教学与训练的弊端,重视日常篮球训练。

青少年篮球后备人才日常训练中专注力不够、兴趣不高、积极性较差还与训练内容和方法枯燥单一有关,对此,教练员要注重采用新技术对训练方法、训练模式、训练组织形式、训练器材予以创新。例如,将现代多媒体手段引入训练课,播放精彩激烈的篮球比赛视频和趣味性篮球游戏视频,培养青少年篮球后备人才的篮球认知能力,并将此作为重要素材来源来丰富训练内容,创新训练方法,改革训练模式,提高青少年训练的积极性,进而促进篮球训练效果的提升和篮球人才培养质量的改善。

（四）通过游戏形式增加训练的趣味性

青少年篮球后备人才在篮球训练中的注意力、态度、耐力、发挥等一系列表现都和训练安排有关,传统意义上枯燥单一、乏味无趣的训练内容和方式消磨了青少年的耐心与激情,使其被动训练,毫无兴趣和乐趣,训练效果最终也不理想。而如果在训练中增添一些游戏元素,进行趣味性训练,便可将青少年篮球后备人才训练的热情与积极性充分调动起来,提高他们的自主参与度。例如,在传球技术训练中可设计传球绕桩游戏,使青少年在轻松、欢快的氛围中掌握并熟悉传球技术，这样不仅训练过程充满趣味，而且训练效果也令人满意。

篮球运动对青少年篮球后备人才的体能提出了一定的要求，良好的体能是篮球后备人才在训练和比赛中坚持完成任务、取得理想成绩的基础条件。因此体能充沛对篮球后备人才来说很重要，这就是篮球训练将体能训练作为重点训练内容之一的重要原因。跑步是最传统的体能训练方式，也是锻炼篮球后备人才体能素质尤其是速度、力量和耐力的有效方式，但如果将这一训练方式贯穿于体能训练计划的始终而不加改变或调整，或者说在速度或耐力训练的整个过程中单纯采用这一种方式，容易使青少年产生厌烦和排斥感，从而影响他们在训练中的态度和表现，鉴于这种情况，可适当通过户外活动来锻炼青少年的体能，这样也有助于青少年愉悦身心，缓解疲劳，亲近大自然，陶冶情操。

（五）加强心理训练

优秀的篮球运动员往往拥有良好的心理素质，在篮球比赛中，运动员的心理素质发挥的作用不可小觑，尤其是在双方体力和技战术能力旗鼓相当的时候，心理素质往往成为决定胜负的关键因素。心理训练是一个漫长的过程，在篮球训练中可以专门安排心理训练，也可以将心理训练融入体能和技战术训练中，作为技能训练的辅助方式。篮球实战训练更有助于培养青少年篮球后备人才的心理素质，紧张的比赛氛围能够锻炼青少年适应紧张比赛环境的能力，可以使其克服紧张和恐惧心理，使其心理承受能力得到增强，使其勇敢面对复杂的实战环境，从容化解比赛中的危机，准确判断赛场形势，对赛场局势掌控自如，自信完成技战术，稳定发挥。

（六）培养集体意识

篮球运动对青少年后备人才的基本功和综合素质的要求都比较高，而有些能力在单纯的训练中是无法起到良好培养与提升效果的,需要将训练和比赛结合起来。篮球运动是集体项目,运动员个人能力的强化直接影响团队的作战能力,因此每个队员都要有高度的集体意识,要将自己置身于团队中明确自己的角色定位,明确自己的职责与作用,并在自己的角色上履行好职责,完成自己的任务,并协同帮助其他队员完成任务,最终完成团队的任务,提高团队的整体能力。赛练结合有助于对青少年篮球后备人才的集体意识、荣誉感进行培养,使其对团队的重要性有更深刻的认识与理解。

当前青少年篮球训练以技术训练为主,涉及队员配合的训练内容很少,这不利于培养篮球后备人才的合作意识、团体意识,不利于整个团队取得质的提升。对此,可以在篮球日常训练中多安排一些团队协作才能完成的篮球游戏或小比赛,增加队员之间的互动,培养他们的集体主义精神,避免队员因过度自我而形成个人英雄主义观念。

第八章 新时代我国篮球后备人才科学保障体系的构建

我国篮球后备人才的发展,是在一系列的保障体系下进行的,因此,各个体系的构建尤为重要,这些体系不仅涉及理论体系、人才选拔体系、人才培养体系、教学体系和训练体系,科学保障体系也至关重要,不可或缺。本章主要对新时代我国篮球后备人才科学保障体系的构建进行分析和研究,主要包括营养的合理补充、运动伤病的科学处理以及医务监督的加强。由此,能对我国篮球后备人才有一个较为全面且系统的保障。

第一节 合理补充营养

一、篮球后备人才营养需求特点

篮球后备人才处于青少年时期,其体内物质代谢正处于旺盛时期,合成代谢的能力也比较强。下面就对篮球后备人才普遍的营养需求特点进行分析。

(一)热量的营养需求

由于处于青少年时期的篮球后备人才正处于生长发育的关键时期,再加上文化课和篮球训练,脑力劳动和体力活动有了显著增加,这也就进一步提升了其机体内物质能量代谢能力,基础代谢率更高,对能量的需要量也相对高一些。研究发现,在生长激素的分泌方面,少年儿童是要比成人高一些的。

一般的,对于处于青少年时期的篮球后备人才来说,首先要保证所补充的能量能使机体的正常需要得到满足,在此基础上,也要满足他们运动能力对能量的需求,如果要进行集中训练或者参加比赛能量的补充量要适当增加,如果日常能量充足,则不需要进行额外补充。

(二)碳水化合物的营养需求

碳水化合物,就是所谓的糖类。碳水化合物进入人体之后,碳水化合物的存在形式就发生了一定的改变。比如,在经过血液循环运输到肝和肌肉中之后,就分别成了肝糖原和肌糖原。篮球后备人才的肌肉量比一般的青少年要高,但是相对于成人来说是要低一些的。

摄取碳水化合物能为篮球后备人才供应大脑所需的绝大部分的血糖,保证篮球后备人才的脑力劳动,集中注意力。另外,由于篮球后备人才需要有比较多的时间用于篮球训练和比赛,因此,一定要摄入足够的碳水化合物,这样才能使篮球后备人才的运动训练与比赛能力得到保持甚至提升。

(三)蛋白质的营养需求

青少年时期,人体蛋白质的代谢特点为处于正氮平衡阶段,但其人体蛋白质的需求量并不是固定不变的,而是随着各个相关因素的变化而变化,比如,主要的年龄、体重,以及身体各项机能的变化等,除此之外,作为篮球后备人才,其专项运动的运动强度和运动时间等也会影响到人体蛋白质的需求量,因此,进行蛋白质尤其是必需氨基酸的足量补充是非常有必要的。因为如果一旦蛋白质供应不足,那么,篮球后备人才的生长发育速度就会下降,体质水平也会下降,进一步,还会影响其智力发展。

如果要加强训练或者参加比赛,在摄入蛋白质时,要遵循适量原则,不能过多也不能太少,一般的,篮球后备人才的蛋白质摄入量以每天 80～90 克为宜。

(四)脂肪的营养需求

脂类中的三酰甘油通常是作为能源物质而存在的,其主要功能在于被储存和氧化分解供能。

合成某些物质是必需脂肪酸的主要营养功能,具体来说,其功能体现在对记忆力的改善与提高;是组成细胞膜的重要成分。篮球后备人才处于青少年时期,这一时期的他们正处于生长发育期,所以,脂肪的摄入非常重要。

对于篮球后备人才来说,脂肪的摄入也要适量,过多会导致肥胖,从我国青少年近些年的饮食习惯可以得知,我国青少年的脂肪摄入量已经大大增加,因此,在日常生活中,篮球后备人才是要减少饮食中脂肪的摄入的。通常,篮球后备人才的脂肪提供的能量占总能量的 25%～30% 即可。

(五)矿物质的营养需求

篮球后备人才正处于生长发育比较旺盛的时期,对矿物质有着较高的需求,不同矿物质对篮球后备人才生长发育所产生的影响是不同的,一定要保证矿物质的供应量,否则,会对机体产生非常不利的影响。

(1)钙:篮球后备人才的机体生长发育至关重要,尤其是骨骼、牙齿的发育,这就要求这一时期一定要保证篮球后备人才钙的摄入量。

(2)铁:铁与人体的氧运输和氧利用有关。篮球后备人才对铁的需要量比较高。

(3)碘:碘是合成甲状腺素的重要原料,能有效维持人体正常新陈代谢。对于篮球后备人才来说,在日常饮食中还应多食用含碘丰富的食物。

第八章 新时代我国篮球后备人才科学保障体系的构建

（4）锌：锌是酶的成分或酶的激活剂，可参与蛋白质合成。缺锌易导致生长发育和性发育停滞，对个体智力发育产生不利影响。如果青少年长期缺锌可导致侏儒症。

对于处于青少年儿童时期的篮球后备人才来说，运动训练以及比赛等运动量和运动强度增加，他们的出汗量会大大增加，矿物质丢失的情况也较为严重，这会影响到他们运动能力的发挥，对其身体健康也会不利，因此，要及时进行矿物质的补充。一般来说，儿童青少年运动员主要矿物质的供给量可参考表8-1、表8-2。这对于篮球后备人才矿物质的补充也是适用的。

表8-1 儿童青少年运动员钙、钾、钠、镁的推荐供给量（克/日）

年龄（岁）	钙	钾	钠	镁
7～11	0.8～1	2～5	1～3	0.3～0.4
12～17	1～1.2	3～6	2～4	0.4～0.5

表8-2 儿童青少年运动员锌、铜、铁的推荐供给量（毫克/日）

年龄（岁）	锌	铜	铁
6～17	15～20	2.5～3.0	20
10～17	20～25	3.0～3.5	20
13～17	20～25	3.0～3.5	20～25（男）；25～30（女）

（六）维生素的营养需求

对于处于青少年时期的篮球后备人才来说，维生素也是非常重要的。由于青少年时期本身在生长发育旺盛时期，再加上篮球后备人才训练和比赛等运动强度的加大，使得他们的维生素需求量大大增加，因此，需要保证其维生素营养补充的充足。如果补充不及时或者不足，往往会导致代谢障碍，长期处于维生素不足的情况下，就会导致代谢紊乱，形成缺乏症，这就会对他们的正常生长发育造成不利影响。

不同维生素的营养价值不同，但是，一定要保证维生素的全面性，缺少任何一种，都会对篮球后备人才的身体健康产生不利影响。比如，维生素D的主要作用在于促进机体骨骼和牙齿的钙化,如果缺钙,会有导致佝偻病产生的可能。

一般的,篮球后备人才对维生素的需要量会根据其运动量、功能状态、营养水平等而发生相应的变化,具体要根据实际情况和需要进行适量补充。

（七）水的营养需求

水在人体组织中含量最多,其具有物质运输、参与生物化学反应、体温调节等作用。相较于成人,篮球后备人才体内水分在体重中所占的比例要更高一些,饮水和吃含水食物是篮球后备人才水的主要来源,在学习或篮球运动训练的过程中可适当喝含糖饮料或吃水果来补水,从而为身体提供适量的能量,也使体内的水平衡得到有效维持。

篮球后备人才在一般状态下,身体是通过排汗来调节体温的,身体对水的需求没有特殊要求,如果气温高、运动量大、出汗量多,则要增加补水量,从而达到水平衡。

二、篮球后备人才的营养价值与消耗

对于篮球后备人才来说,在篮球运动训练和比赛中一定会消耗机体的能量。下面就对各营养素的营养价值及其在篮球运动训练中的消耗情况加以分析。

（一）碳水化合物的营养价值与消耗

一般的,碳水化合物也被称为糖类,其可被分为单糖、双糖和多糖几种形式。

1. 碳水化合物的营养价值

（1）为篮球后备人才提供所需的能量。

（2）节约蛋白质,减少篮球运动训练或者比赛过程中篮球后备人才的蛋白质消耗。

（3）构成运动机体内一些重要的生理物质。

2. 篮球后备人才碳水化合物的消耗

碳水化合物具有耗氧少、易消化的显著特点，碳水化合物代谢的最终产物是水和二氧化碳。

篮球后备人才在训练或比赛时，会有大量的水和二氧化碳经过流汗、呼吸等方式排出体外，同时，还要不断地及时补充水和氧气，从而保证机体的正常运行。如果在这一过程中，无法保证碳水化合物的及时、足量补充，就会导致供需脱节，出现供需不平衡，从而造成糖原枯竭。

（二）蛋白质的营养价值与消耗

蛋白质只有在糖摄入不足的情况下，才能转变为葡萄糖供给能量。在糖摄入充足的情况下，食物中过多的蛋白质则转变为脂肪，贮存在脂肪组织中作为能量贮备。

1. 蛋白质的营养价值

（1）构成人体组织，促进生长发育。
（2）提供能量。
（3）合成酶、激素和其他化合物。
（4）维持体内酸碱平衡。
（5）保持体液和电解质平衡。
（6）合成抗体。

2. 篮球后备人才蛋白质的消耗

在篮球运动训练过程中，高强度的运动训练会对篮球后备人才身体机能造成一定的影响，比如，器官肥大、激素调节活跃等，如此就会增加他们体内蛋白质的分解和合成代谢，使蛋白质的消耗增大。

（三）脂肪的营养价值与消耗

脂肪可分为单脂肪、复合脂肪和派生脂肪。

1. 脂肪的营养价值

（1）供给运动能量。脂肪参与供能比例的增加又可以起到节省糖原作用,从而提高耐久力。
（2）构成一些重要生理物质。
（3）维持体温和保护内脏。
（4）脂溶性维生素的重要来源。
（5）增加饱腹感,防止饥饿。

2. 篮球后备人才脂肪的消耗

篮球后备人才在篮球运动训练过程中,由于机体内的碳水化合物往往会无法满足运动对能量的需要,就需要进行适量的脂肪补充。尤其在冬天,篮球后备人才的脂肪摄入量要适当增加。

（四）矿物质的营养价值与消耗

矿物质,包括常量元素和微量元素。

1. 矿物质的营养价值

矿物质虽不是供能的材料,但其营养价值却是非常高的。
（1）构成机体组织的重要材料。
（2）维持机体的酸碱平衡和渗透压。比如,钠离子、氯离子是维持细胞外液渗透压的主要离子;钾离子、亚磷酸离子是维持细胞内液渗透压的主要离子。
（3）酶的组成成分和激活剂。比如,过氧化物酶含铁、碳酸酐酶含锌、酚氧化酶含铜。
（4）维持组织的正常兴奋性。比如,钙离子和钾离子在对组织的应激性的影响上有相拮抗的作用。

2. 篮球后备人才矿物质的消耗

在篮球运动训练或者比赛过程中,随着运动强度和运动时间的不断增加,篮球后备人才体内的微量元素与矿物质的代谢也会有相应的变化,主要表现为:尿中钾、磷和氯化钠排出量减少,钙的排出量增加。

(五)维生素的营养价值与消耗

维生素有脂溶性和水溶性两种。

1. 维生素的营养价值

(1)协助能量代谢,尤其是各种代谢酶的辅酶还会对酶的催化功能产生直接影响。

(2)维持红细胞的正常生长和功能。

2. 篮球后备人才维生素的消耗

篮球后备人才的训练和比赛的运动强度要远远大于一般的青少年,因此,他们在维生素的消耗方面就要更大一些,因此,这就要求根据篮球后备人才在运动训练或者比赛过程中的实际情况,来适当补充维生素,从而保证其运动耐力的保持与提升。

(六)水的营养价值与消耗

大约机体的60%～70%是由水构成的。水参与机体所有重要的生命过程。水是最重要的营养素。如果身体缺乏水分,轻者会导致疲劳、乏力和注意力不集中等;严重者可导致死亡。

1. 水的营养价值

(1)水是体内各种生理活动和生化反应必不可少的介质。水是所有代谢活动和生命活动必不可少的因素。

(2)吸收、运输营养物质,排泄代谢废物。

（3）维持正常体温。

（4）润滑功能。

2. 篮球后备人才水的消耗

对于篮球后备人才来说，篮球运动训练过程中出汗量会大大增加，水的最大消耗便在于此，但这是不可避免的，因为，这是有效调节机体的热量平衡的重要方式。

对于篮球后备人才来说，为了保证补充的科学性，还要遵循少量多次的原则，适宜补水，从而使篮球后备人才在篮球运动训练过程中机体对水的需求得到满足。

三、篮球后备人才营养的合理补充

（一）篮球后备人才合理营养的基本要求

（1）食物数量。食物的数量要丰富，并且能使篮球后备人才运动训练或比赛的消耗得到满足，使他们能保持适宜的体重和体脂。

（2）膳食的质量。篮球后备人才的膳食要使后备人才全面的营养需要得到满足，并有合适的营养素配比。如蛋白质占总热量的12%～15%，脂肪占30%，碳水化合物占膳食总热量的50%～65%。

（3）多食蔬菜、水果。蔬菜、水果和谷类食物的摄取要增加，从而保证篮球后备人才摄入丰富的维生素、矿物质和膳食纤维。

（4）减少脂肪的摄入。减少脂肪（特别是饱和脂肪）和胆固醇的摄入。

（5）养成良好的膳食习惯。少吃盐、糖，少饮酒，少吸或不吸烟。加强早餐的品种配给，注重早餐和午餐的质量和数量。

（6）食物多样化，合理搭配。篮球后备人才一定要摄入多样化的食物，如谷类（主食）、蔬菜和水果、奶豆类及其制品、动物性食物（鱼肉禽蛋水产品类）以及油脂和糖、盐等，均衡摄入。

（7）进食时间。篮球后备人才的进食时间的确定,要将消化功能和饮食习惯作为考量的因素。一般的,大运动量训练或比赛前一餐应在3小时前完成。

（8）食物的烹调。为了保证营养的留存,要使传统的烹调方式发生一定的改变。增加奶制品、豆制品、蔬菜和水果的比例,做到能够生吃的蔬菜尽量生吃。

（9）营养品问题。对于篮球后备人才来说,在摄入营养平衡和质量良好的膳食下,无需再补充营养品。

（二）篮球后备人才不同营养素的科学补充

1. 碳水化合物的补充

在篮球运动训练过程中,由于训练和比赛阶段的不同,篮球后备人才在能量需求方面也是有所差别的,因此,要以此为依据,来有针对性地进行碳水化合物补充,并且保证机体对能量的需求得到满足。

2. 蛋白质的补充

篮球后备人才作为经常进行训练和参与比赛的群体来说,其对蛋白质的需求量相较于一般人来说是比较高的,并且随着运动水平的不断提高,机体对蛋白质的需求量也会有所增加。总的来说,篮球后备人才蛋白质的补充,要参照其运动训练的时间和负荷量来确定和调整,从而保证机体蛋白质的需求得到满足,保证他们的运动能力能正常甚至超常发挥出来。

3. 脂肪的补充

为人体提供能量的,不只有碳水化合物,在特定的情况下,脂肪也能提供必要的能量。

由于篮球后备人才经常要长时间处于篮球运动的训练和比赛中,这时候,脂肪组织中的脂肪酸就会游离出来参与供能,从而有效推动机体热量负平衡等。

4. 维生素的补充

科学合理地补充维生素,满足机体需求,对于篮球后备人才来说至关重要。比如,要加强对维生素 C 的补充,因为篮球运动训练能使水溶性维生素通过汗、尿排泄,尤其是维生素 C 的排泄速度加快。因此,适当补充维生素是非常有必要的。

5. 矿物质的补充

由于不同矿物质的作用各异,消耗情况也不甚相同,因此,这就需要结合篮球后备人才的矿物质消耗特点和机体需要进行有针对性的补充。一般的,篮球后备人才在进行完篮球运动训练之后,多食用含矿物质丰富的植物和水果是非常有必要的。

6. 水的补充

在篮球运动训练或者比赛过程中,大量排汗会导致体液和电解质大量丢失,从而破坏体内正常的水平衡和电解质平衡,脱水就容易产生。失水后会对身体的生理功能造成各种负面的影响,严重者还会出现痉挛、昏迷等症状。

在篮球运动训练过程中,为了避免篮球后备人才失水的情况发生,通常都会遵循少量多次的原则进行水分补充。通常,对于运动员来说,最为科学的饮水方法为间隔 15~20 分钟喝 200~300 毫升饮料。

第二节 科学处理运动伤病

一、篮球后备人才常见损伤的科学处理

篮球运动作为一项具有直接身体对抗的运动项目,其发生运

第八章　新时代我国篮球后备人才科学保障体系的构建

动损伤的概率还是比较大的,因此,对于篮球后备人才来说,掌握一些科学的常见运动损伤的基础知识和科学处理的措施和方法是非常重要且必要的。

对于篮球后备人才来说,身体的各个部位都有可能出现运动损伤,因此,这里就针对不同身体部位运动损伤的处理方法和措施来加以阐述。

（一）皮肤表面损伤的处理

1. 撕裂伤

皮肤撕裂伤是头部,尤其是额部和面部经常会出现的损伤,一般的,如果撕裂的伤口比较小,往往进行止血、消毒处理后,用粘膏黏合即可；但是,如果伤口较大,则需要对其伤口进行缝合,必要时要用抗生素进行消炎处理。

2. 擦伤

如果擦伤的面积小,通常只要洗净伤口、消毒,并在伤口上涂抹红汞或紫药水即可。如果伤情较为严重,伤口内有煤渣、细沙等异物,就需要冲洗干净伤口,然后消毒,撒上消炎粉,再用消毒敷料覆盖并包扎。

（二）常见生理损伤的处理

1. 肌肉酸痛

肌肉酸痛与乳酸供能系统有关,延迟性肌肉酸痛则是由自由基损伤所致。

肌肉酸痛产生后,通常会有局部肌肉疼痛、发胀、发硬的情况产生。

基本处理措施：采用按摩或热水敷,使肌肉放松,并促进局部肌肉血液循环及代谢。

2. 运动性昏厥

剧烈运动或长时间运动,会使大量血液积聚在下肢,导致回心血量减少,脑供血不足。另外,有些篮球后备人才不吃饭就进行篮球运动训练,这种空腹运动会导致机体血糖含量较低,易造成能量供应不足,引起头晕。

基本处理措施:使损伤者平卧,足部要比头部略高一些,按摩,同时掐点人中、合谷等。醒后给以热饮料,保暖,充分休息。

(三)膝关节损伤的处理

膝关节损伤对于篮球后备人才来说是经常出现的。但是,膝关节损伤后,通常会影响到篮球运动训练和比赛的正常进行,因此,篮球后备人才需要重视并掌握膝关节损伤的科学处理措施。

1. 膝关节内侧副韧带损伤

(1)损伤原因与症状

在篮球运动训练过程中,运动给膝关节造成的的压力过大是造成膝关节损伤的主要原因。

发生损伤后,篮球后备人才的膝内侧会有剧痛感,疼痛感会有减轻、加重变换的情况。还会出现皮下瘀血,膝关节出现血肿,局部压痛。

(2)损伤的科学处理

基本处理措施:发生损伤后,要立即局部冰敷,而后包扎固定或加压包扎,并抬高伤肢,使出血、肿胀的情况得到尽可能的避免。

另外,还可以采取其他方法来促进篮球后备人才膝关节内侧副韧带损伤的恢复,比如,中药外治法、按摩疗法、运动恢复治疗方法等。根据实际情况进行选用。

2. 膝关节半月板损伤

（1）损伤原因与症状

在篮球运动训练过程中，当篮球后备人才膝关节屈曲，小腿固定于外展、外旋位，大腿突然内收、内旋并伸直膝关节；膝关节突然猛力过伸及腘肌腱的前后割裂。

膝关节半月板损伤发生之后，篮球后备人才往往会出现压迫性疼痛等症状。可动区域受到限制，膝关节不能伸屈等。

（2）损伤的科学处理

基本处理措施：如果篮球后备人才是急性膝关节半月板损伤，则应该采用制动、消肿止痛的冷敷方法，如果伤情较为严重，就需要对受伤的篮球后备人才进行加压包扎2～3周；如果篮球后备人才的损伤是慢性的，那么就要求严格避免重复受伤动作，从而使其再次受伤的情况得到避免。

另外，还可以采取其他方法来促进篮球后备人才膝关节半月板损伤的恢复，比如，中药外治法、按摩疗法以及运动恢复疗法等。

（四）踝关节扭伤的处理

1. 损伤的原因与症状

扭伤是一种间接外力所致的闭合性损伤。尽管踝部损伤的发病率并不算太高，但是，其中的踝关节外侧韧带（新鲜）损伤是非常突出的，导致篮球后备人才这一损伤产生的主要原因是：运动员跳起落地时踩在别人脚上，或身体失去平衡、被踩等。

损伤发生之后，受伤的篮球后备人才的踝关节会出现外侧疼痛，局部肿胀，皮下瘀血，有明确的压痛点，不能立即行走等症状。

2. 损伤的科学处理

基本处理措施：对于损伤的篮球后备人才立即进行冷敷，同时,用绷带加压包扎,24小时后可做轻度活动,扭伤24小时后,酌情外敷中药、针灸、按摩、药物痛点注射及支持带固定等。

如果篮球后备人才是轻度扭伤,则基本处理之后即可;如果损伤严重,所有支撑韧带都被撕裂,就可能使关节变形,要紧急送往医院进行专业治疗。另外,中药外治法、按摩疗法(活血散瘀、消除肿胀;点穴;松筋)以及轻度的运动恢复疗法都是可以作为辅助处理措施加以采用的。

(五)腰背部损伤的处理

1. 损伤的原因与症状

篮球后备人才腰背部损伤有急性和慢性两种。

2. 损伤的科学处理

基本处理措施:腰部急性损伤后,篮球后备人才要在腰后垫上一个小枕头躺在床上休息,从而有效放松肌肉韧带,同时用冰块冷敷,这对于消除背部肌肉的肿胀及紧绷感是有帮助的。

还可以采取一些辅助处理措施,比如,适当卧床休息。生附子贴涌泉穴、地锦草糊等中药外治法也有一定的效果。除此之外,脊椎按摩、点穴等按摩疗法以及伸展疼痛等运动恢复疗法也是非常有用的,可以适当采用。

(六)髌骨软骨病的处理

1. 损伤的原因与症状

髌骨劳损实际上是髌软骨的一种退行性病变,这一损伤的主要原因在于局部外伤和疲劳性损伤,尤其是篮球后备人才双膝因篮球运动特点而常常处于半蹲位,反复伸屈扭转,致使髌、股二骨对应关节软骨面相互异常错位、撞击,以及捻转摩擦。对于篮球后备人才来说,在篮球运动训练时,动作要准确到位,运动量适宜,避免膝关节负荷过多。

一般的,如果篮球后备人才处于髌骨损伤状态,常见的症状为:半蹲和上下楼梯痛,膝关节常有不同程度的积液。髌骨周缘有压痛。

2. 损伤的科学处理

基本处理措施:可以采取一些有效的恢复性措施,比如,土牛膝膏等中药外治法;放松髌骨的按摩疗法;加强股四头肌力量练习,强化股四头肌肌肉力量的运动恢复疗法等。

(七) 肘关节骨折的处理

1. 损伤的原因与症状

内侧韧带撕裂伤是最为常见的一种肘关节损伤的情况,严重受伤时往往合并其他组织的损伤。

损伤出现后,篮球后备人才往往会表现出瘀血、肿胀、肌肉痉挛,关节活动异常等症状。

2. 损伤的科学处理

基本处理措施:首先进行止血、绑缚绷带等初步处理。损伤严重者需送医。

另外,也可以采用一些恢复性措施,比如,干地龙粉、铁末热敷法等中药外治法;也可以采用按足底相应反射区部位的按摩疗法。

(八) 大腿肌肉拉伤的处理

1. 损伤的原因与症状

大腿肌肉拉伤主要是因为篮球后备人才在运动训练过程中做跑、跳等急性动作时导致的。

如果症状比较轻,损伤者需要停止运动,之后会不再有疼痛感;如果继续运动,症状会有所加重。

2. 损伤的科学处理

基本处理措施:当篮球后备人才出现大腿肌肉损伤后,应立即冷敷,并且加压包扎,抬高患肢,使大腿受伤部位得到充分休息;如果是肌肉完全断裂或合并严重血肿者,则要立即送往医院进行专业治疗或者手术。

另外,一些恢复性处理措施也可以适当采用。比如,敷药(将姜黄与少许水混合,制成糊状,敷于患部,用纱布包住)等中药外治法;按摩疗法;伸展操训练等运动恢复疗法。

二、篮球后备人才常见运动性疾病的科学治疗

(一)肌肉痉挛

1. 肌肉痉挛的致病原因与症状

肌肉痉挛,就是平时所说的抽筋,是肌肉不自主的强直收缩。对于篮球后备人才来说,这是最常见的一种损伤,小腿、大腿及足底是最主要的损伤部位。另外,篮球后备人才体内失盐过多、肌肉收缩与舒张失调、冷刺激,以及局部肌肉疲劳或有微细损伤时,都可能会导致肌肉痉挛的发生。

损伤产生后,损伤部位的肌肉剧烈挛缩发硬,疼痛难忍,疼痛很难在一段时间内得到缓解。

2. 肌肉痉挛的科学治疗

肌肉痉挛发作时,应向肌肉痉挛的相反方向慢慢牵引痉挛的肌肉,达到放松肌肉的效果。还可辅以按摩。

（二）运动性腹痛

运动性腹痛，就是指所有在运动过程中或运动结束时产生的腹部疼痛。这对于篮球后备人才来说，也是经常遇到的运动性疾病之一。

1. 运动性腹痛的致病原因与症状

通常，对于篮球后备人才来说，导致其运动性腹痛的主要原因有以下几个方面：准备活动不充分，身体没有适应大运动量和运动强度；胃肠发生痉挛导致腹痛；腹直肌痉挛，这主要是由于夏季进行剧烈的篮球运动训练导致的；呼吸节律紊乱，进行篮球运动锻炼时，呼吸节奏没有控制好，导致肝脏瘀血肿胀而引起腹痛。

运动性腹痛发生之后，篮球后备人才往往会有些症状表现，这些症状表现与发生腹痛的部位有着密切的联系。但是也有一些特殊的情况，比如，有的疾病在发病初期其疼痛部位并不一定与病变部位完全一致，有些疾病虽然表现为急性腹痛，但病变部位却在腹外器官，这就需要及时将患者送往医院进行准确判断与诊治。

2. 运动性腹痛的科学治疗

篮球后备人才在篮球运动训练中发生腹痛时，要减慢速度，加深呼吸，手按压疼痛部位，如此一来，通常能达到减轻疼痛的效果。如果不能缓解疼痛，甚至有所加重，则要停止运动。并且采用口服十滴水或普鲁苯辛（每次1片），针刺或用手指点揉内关、足三里、大肠俞等穴位的方法达到缓解腹部疼痛的效果。

（三）运动性低血糖

一般的，对于每百毫升血液血糖浓度低于55毫克的情况，并且伴随一系列临床症状，就可以被判定为低血糖症。

1. 运动性低血糖的致病原因与症状

第一,运动前(或比赛前)已处于饥饿状态,空腹进行运动训练;第二,过分紧张或处于病态;第三,运动时间过长,消耗的血糖过多,没有得到及时的补充;第四,在有不同程度的糖代谢紊乱疾患的情况,再加上运动训练诱发低血糖。

出现运动性低血糖症状的篮球后备人才,如果症状较轻,其会感到非常饥饿,疲劳的感觉非常严重,还会有头晕、心悸的情况;严重者,会有神志模糊,语言不清,四肢发抖,呼吸短促,烦躁不安或精神错乱,甚至惊厥、昏迷等症状。

2. 运动性低血糖的科学治疗

篮球后备人才出现运动性低血糖之后,让其平卧,保暖,在患者神志清醒的状况下供给热糖水或进食少量流质食物,症状在较短时间内即可消失。严重者会有昏迷状况发生,可静脉注射50%葡萄糖50～100毫升,同时针刺(或指掐)人中、涌泉、合谷等穴。此外,还可借助一些辅助的治疗措施。

(四)运动性贫血

运动性贫血,就是由于参与运动锻炼而引起的血红蛋白量减少的病症。

1. 运动性贫血的致病原因与症状

对于篮球后备人才来说,在运动训练时,其肌肉对蛋白质和铁的需求量增加,如果这一需求得不到满足,运动性贫血就会发生。

运动性贫血的症状为:头晕、乏力、易倦、记忆力下降、食欲差。运动过程中常伴有气促、心悸等症状。

2. 运动性贫血的科学治疗

对于患有运动性疾病的篮球后备人才,应该适当减少运动负荷,必要时停止训练。通常,男性和女性的血红蛋白值是不同的,边治疗边训练的方式是可以适当采用的,但是在此过程中,一定要保证训练强度要小,不要安排耐力性运动;严重者,要停止大中运动负荷训练,积极配合治疗。同时,饮食方面要以含蛋白质、铁质和维生素较多的食物为主。除此之外,抗贫血药物、维生素C和胃舒平也可以适当服用。此外,中药疗法效果也比较理想,比如,服用党参、白术、炙甘草、熟地黄、当归、白芍等。

(五)中暑

1. 中暑的致病原因与症状

中暑,并不是单一的疾病,而是热射病、热痉挛和日射病的总称,这种疾病发生在高热环境中,并且发病较急,夏天发生概率较大。还要特别注意不要在湿度高、通风不良的环境中进行运动锻炼,避免被烈日直接照射等。

中暑的症状为:头痛、头晕、眼发黑、心慌、心跳、气喘、口渴、恶心、皮肤发烫、抽筋等,严重的会昏迷晕倒,不省人事。

2. 中暑的科学治疗

症状较轻者,迅速脱离高热环境,移至阴凉通风处休息,解开衣领,并给予清凉饮料、浓茶、淡盐水和人丹、解暑片或藿香正气丸等药物,以达到解暑的效果。

如果中暑的篮球后备人才的病情较重,要将其立即移到阴凉处,让其平卧(或抬高下肢)。如果是日射病,需要在头部用冰袋或冷水湿敷;如果是中暑痉挛,则需要服用含糖、盐饮料,并在四肢作重推摩、按摩;如果是中暑高热,则要采取各种措施迅速降温。

第三节 加强医务监督

一、篮球后备人才体育课的医务监督

(一)健康分组

一般的,健康分组的依据主要为篮球后备人才的身体发育状况、健康状况、生理功能状况、运动史和身体素质状况这几个方面。由此,能将篮球后备人才分为基本组、准备组、医疗体育组三个组别,每个组别有相应的内容和要求。

(二)医学观察

对体育课的整个过程进行全面的医学观察。由此,能对篮球后备人才的健康状况,以及机体对运动负荷和运动强度的反应有所了解。

通常,篮球后备人才体育课的医学观察包含三个方面内容,即教学过程中篮球后备人才的机体反应;课的组织和教法;运动环境、场地设备的卫生条件。以医学观察的内容为依据,来全面且有效地分析和评定检查结果。

(三)生理负担量的评定

对篮球后备人才体育课的生理负担量进行测量,能够对运动负荷的大小以及机体对运动负荷的生理反应有所了解,并以此为依据来对篮球后备人才的身体功能水平进行评定。一般来说,强度、密度和时间三个因素都会对运动负荷的大小起到决定性的影响。常用的评定方法有指数法和百分法。

二、篮球后备人才运动训练医务监督的内容

对于篮球后备人才来说，医务监督是其运动训练中非常重要的组成部分，不可或缺。

（一）通过医学手段来监控运动训练

对于篮球后备人才来说，要想得到超量恢复，就必须进行长时间、高强度的持续训练。而这也对通过医学手段来对篮球后备人才的整个运动训练进行监控提出了更高的要求。

（二）进行体格检查和机能测试

具体是指检查和测试篮球后备人才的体格和机能，综合评定篮球后备人才的身体机能状况。

（三）防治运动伤病

在长期的篮球运动训练和比赛中，篮球后备人才出现运动伤病的概率也会有所增加。因此，为了保证篮球后备人才的健康状况，保证他们训练和比赛的顺利进行，需要及时发现他们的运动性伤病并进行科学处理。

（四）帮助篮球后备人才消除运动疲劳

篮球后备人才将会有更多的时间用于篮球的运动训练和比赛中，再加上文化课的学习，就会使篮球后备人才的身体和精神遭受双重压力。因此，要充分重视他们的身体和精神疲劳，帮助其有效消除运动疲劳。

三、篮球后备人才比赛期的医务监督

由于篮球比赛是一项有直接身体对抗的运动，篮球后备人才

的身体和心理都会处于高度兴奋和紧张的状态。因此,对于比赛期间的篮球后备人才而言,做好医务监督工作十分必要,具体包含以下几个方面的内容。

(一)比赛前的医务监督

1. 做好比赛日程安排

在比赛之前,首先对要参加比赛的篮球后备人才进行分组,分组时,一定要对篮球后备人才的年龄、性别等进行充分考量。在制定比赛计划时,要对当地的气候条件进行充分考虑。尽量不在炎热或者寒冷等特殊环境中进行比赛,如果不得不在炎热的夏天进行比赛,那也要在中午安排充足的休息时间,同时避免在中午的高温环境下进行比赛,避免中暑。

此外,日程时间安排和运动员的时差反应也是需要重视的方面。

2. 在赛前检查好相关场地、器械

在篮球比赛开始之前,医务监督者一定要对篮球后备人才的饮食、救护配备等方面的保障工作进行仔细检查,以保障篮球后备人才的安全和比赛的顺利进行。

3. 进行赛前体检

在篮球比赛之前,篮球后备人才都要进行严格的体检,通过对脉搏、血压、心脏听诊、胸透等的检查来反映出其心血管系统的功能如何,这是检查的重点,如果有必要,也可做机能试验。

4. 做好充分的准备活动

篮球后备人才在正式参加比赛之前,要做好充分的准备活动,尤其要针对易受伤的部位进行重点准备,避免运动损伤的发生。

5. 合理膳食

篮球后备人才在参加比赛之前,一定要做到合理膳食。具体来说,要在比赛前两小时进食,不宜进食过饱,饮食要增加蛋白质、糖、脂肪的供应量,从而为接下来激烈的比赛提供充足的能量。

(二)比赛中的医务监督

在比赛过程中,关于篮球后备人才的医务监督所包含的内容有以下几点。

(1)针对篮球后备人才的机能进行仔细检查,并对其在比赛中的机能变化进行观察。

(2)为篮球后备人才赛前的紧张进行积极缓解,从而保证其参与比赛的状态是理想的。

(3)篮球后备人才在比赛过程中也要注意营养的补充和饮水的供应。如果在夏天进行比赛,则要注重水和盐分的补充,避免中暑和脱水。

(4)应做好篮球后备人才比赛过程中意外损伤的预防和急救工作。

(5)篮球后备人才在比赛过程中一定要保障参赛人员的安全,同时,也要保证篮球比赛的顺利进行。

(三)比赛后的医务监督

在比赛结束之后,篮球后备人才的医务监督仍要继续,包含以下几方面内容。

(1)在比赛之后,参加比赛的篮球后备人才要进行体格检查。以篮球运动特点为依据,在赛后的一定时间内对篮球后备人才的血压、体重、心率、心电图、尿蛋白以及心功能实验等生理、生化指标进行仔细检查,并对其机体的恢复情况进行观察,一旦发现异常病变,及时进行治疗。

(2)比赛结束后,篮球后备人才膳食营养的合理搭配也是需要关注的重要方面。由于篮球后备人才在比赛时机体的能量消耗比较大,应及时、合理安排膳食,补充身体所需的能量,尽快恢复体力。

（3）比赛结束后,篮球后备人才首先要通过检查确定有无运动损伤和运动疾病产生,除此之外,还要做好感冒等疾病的预防。

（4）比赛结束后,篮球后备人才要进行充分的休息。

参考文献

[1] 杨凌. 我国篮球后备人才选拔与交流 [M]. 西安：西北农林科学技术大学出版社, 2019.

[2] 曹青军. 运动训练理论与实践 [M]. 北京：北京理工大学出版社, 2010.

[3] 胡亦海. 竞技运动训练理论与方法 [M]. 北京：人民体育出版社, 2014.

[4] 宋继新. 竞技教育学 [M]. 北京：人民体育出版社, 2003.

[5] 唐炎, 朱维娜. 体育人才学 [M]. 重庆：西南师范大学出版社, 2006.

[6] 周兴印. 运动训练原则的历史演进和探讨 [J]. 大众标准化, 2020（16）：95-96.

[7] 窦林涛. 关于青少年体育训练方法的探微 [J]. 赤子（上中旬）, 2015（16）：197.

[8] 朱宝玲. 青少年体育训练的有效方法探微 [J]. 青少年体育, 2018（01）：122-123.

[9] 郭磊. 体育教育的新视野 [M]. 长春：吉林大学出版社, 2015.

[10] 林川. 我国体育教育的现状及发展趋势 [J]. 现代阅读（教育版）, 2013（04）：44.

[11] 李启迪, 邵伟德. 体育教学基本理论研究 [M]. 北京：北京师范大学出版社, 2014.

[12] 陶然. 吉林省青少年篮球运动员俱乐部培养模式研究 [D]. 吉林大学, 2019.

[13] 周静.中国篮球高水平后备人才基地建设现状及对策研究[D].河北师范大学,2016.

[14] 米战,任海龙.我国职业篮球俱乐部后备队伍现状调查研究[J].西安体育学院学报,2007（04）:17-19+28.

[15] 温卫.我国竞技篮球后备人才培养模式研究[D].湖北大学,2016.

[16] 赵国华.我国竞技篮球职业化发展战略研究[D].苏州大学,2013.

[17] 唐建倦.协同与整合——中国竞技篮球后备人才培养机制创新[M].广州:华南理工大学出版社,2016.

[18] 曹前.浅谈青少年篮球训练中互动模式的构建[J].当代体育科技,2012,2（27）:18-19.

[19] 倪欣,叶巍.江苏省篮球后备人才业余训练"体教结合"新模式[J].体育与科学,2009,30（04）:81-82+78.

[20] 刘慧丽.我国青少年篮球训练创新模式研究[J].青少年体育,2019（04）:59-60.

[21] 李杨.简述我国青少年篮球训练创新模式[J].当代体育科技,2020,10（10）:72-73.

[22] 孙凤龙.高校篮球训练模式创新性探索[J].剑南文学(经典教苑),2013（10）:349.

[23] 陈晓虎.小型比赛训练模式在青少年篮球训练中的运用研究[J].科教导刊(上旬刊),2016（07）:151-152.

[24] 马超.高校篮球拓展训练方法[J].当代体育科技,2014,4（13）:32+34.

[25] 封飞虎,凌波.运动生理学[M].武汉:华中科技大学出版社,2014.

[26] 姚鸿恩.体育保健学(第四版)[M].北京:高等教育出版社,2006.

[27] 孙少强,孙延林.运动心理学[M].天津:南开大学出版社,2006.

[28] 王健. 运动人体科学概论 [M]. 北京：高等教育出版社，2003.

[29] 徐伟宏. 篮球队伍管理与心理训练 [M]. 北京：知识产权出版社，2013.

[30] 刘成诚. 湖北省青少年男子篮球人才培养模式与发展策略的研究 [D]. 武汉理工大学，2019.

[31] 邢金明. 辽宁省篮球后备人才培养现状分析及对策研究 [J]. 成都体育学院学报，2010，36（04）：57-60.

[32] 宋建波. 山东省青少年篮球后备人才培养现状及对策研究 [D]. 山东师范大学，2006.

[33] 叶少杰，郑桂风. 中国男子篮球后备人才培养现状分析 [J]. 体育科学研究，2018，22（02）：68-72.

[34] 杜力萍. 对我国篮球后备人才培养新途径的实证研究 [J]. 中国体育科技，2008（04）：48-51.

[35] 张振东，杨建国，周战伟. 对我国篮球后备人才市场运作的研究 [J]. 武汉体育学院学报，2004（01）：174-176.

[36] 李文涛. 我国高校篮球人才培养模式研究 [D]. 武汉体育学院，2015.

[37] 刘成，司虎克，刘国辉. 我国高校篮球联赛竞赛体制的改革 [J]. 体育学刊，2008（11）：63-67.

[38] 浦嵩. 湖北省篮球运动后备人才培养现状与对策研究 [D]. 中国地质大学，2013.

[39] 潘前，陈伟霖，吴友凯. 对新时期我国竞技体育后备人才培养体制改革的思考 [J]. 首都体育学院学报，2007（02）：25-28.

[40] 郭文庭，张西平，朱恺. 主体教育理念下的竞技体育后备人才培养 [J]. 山东体育学院学报，2010，26（07）：23-26.

[41] 覃良军. 校园足球背景下我国校园篮球发展的思考和对策 [J]. 广州体育学院学报，2015，35（05）：37-41.

[42] 高建磊，陈树华，许永刚. 我国篮球竞技后备人才可持续发展影响因素的研究 [J]. 广州体育学院学报，2001（01）：82-85.

[43] 黄优强,周武.对中国男篮后备人才培养模式的审视[J].北京体育大学学报,2014,37(04):133-139.

[44] 蔡楠.西安市青少年男子篮球后备人才培养现状的研究[D].西安体育学院,2016.

[45] 曾伟.中学篮球训练中应注意的几个问题[J].体育师友,2007(03):19-20.

[46] 马民宇.中美篮球运动人才培养比较研究[D].武汉体育学院,2013.

[47] 张翔博.湖北省篮球特色项目学校发展影响因素及策略研究[D].武汉体育学院,2017.

[48] 郝月蓉.我国竞技篮球双国家队模式研究[J].体育文化导刊,2018(01):57-61.

[49] 高治,徐伟宏.我国篮球运动后备人才可持续发展的对策研究[J].体育成人教育学刊,2004(04):39-40.

[50] 郝家春,查吉陆.转型期我国竞技篮球后备人才培养模式及优化策略[J].武汉体育学院学报,2012,46(08):96-100.

[51] 赵璘.山东省篮球后备力量储备与培养的研究[D].山东体育学院,2011.

[52] 潘前.中美体育后备人才培养体制初探[J].西安体育学院学报,2003(03):23-25.

[53] 柴立森.中美篮球后备人才培养体系的对比研究[J].衡水学院学报,2012,14(01):69-72.

[54] 刘玉华.中美篮球文化的差异与中国篮球的发展[J].体育文化导刊,2004(08):35-36.

[55] 马志和,张林,郭培,吴贻刚.国外教育系统培养竞技体育后备人才的共性经验及其启示[J].上海体育学院学报,2005(01):18-21+43.

[56] 曾建雄.我国篮球与美国篮球后备人才队伍的建设比较[J].湖北经济学院学报(人文社会科学版),2008(10):91-92.

[57] 孙凤龙,姜立嘉,张守伟.特征与启示:美国学生篮球运动员培养体系[J].沈阳体育学院学报,2018,37(06):120-124+131.

[58] 冯涛,雷玉莉.中美青少年篮球后备人才训练差异性研究[J].当代体育科技,2016,6(19):46-47.

[59] 张成学.简述篮球运动在我国的发展历程[J].黑河学院学报,2019,10(02):207-208.

[60] 白阔天.我国篮球运动发展中存在的问题及对策研究[J].赤峰学院学报(自然科学版),2018,34(01):102-103.

[61] 特木尔杜西,韩静涛.改革开放后中国篮球运动发展研究[J].当代体育科技,2019,9(27):7-8.

[62] 李治.后备人才培养视域下我国小篮球运动可持续发展研究[D].成都体育学院,2019.

[63] 陈惠.武隆区中学篮球运动现状及发展对策[J].西部皮革,2019,41(14):150.

[64] 李磊.青岛市中学生篮球运动发展现状调查分析[J].青少年体育,2019(06):131-132+96.

[65] 纪松岐,黄丽敏.我国小篮球运动发展的现状及对策研究[J].当代体育科技,2020,10(28):184-185+188.

[66] 王艳飞,李娜,梁文魁.长治学院女子篮球运动的开展现状与发展对策[J].当代体育科技,2019,9(20):103+105.

[67] 余绍.江苏省篮球后备人才发展现状及培养对策研究[D].南京体育学院,2020.

[68] 青凯.深圳市中学篮球传统项目学校篮球人才培养现状研究[D].延安大学,2018.

[69] 阎涵.河北省女子篮球后备人才培养的调查与研究[D].河南大学,2016.

[70] 石磊,葛新发.运动选材概论[M].济南:山东人民出版社,2009.

[71] 于振峰. 新时期我国竞技篮球项目后备人才培养研究[M]. 北京：北京体育大学出版社, 2012.

[72] 李煜. 吉林省青少年篮球运动员选材指标体系的调查与对策研究[D]. 辽宁师范大学, 2012.

[73] 叶巍. 新视角下篮球运动之人才研究[M]. 长春：吉林大学出版社, 2013.